植原亮 著
林于楟 譯

慢思術

凡事多想1分鐘，就能比別人更成功

遅考術 じっくりトコトン考え抜くための
「10のレッスン」

目次

本書參考文獻的PDF檔案一覽表可從以下網址下載：
http://rd.diamond.jp/115411-pb

前言

爲什麼聰明的人
都「慢慢想」？

眞正聰明人的思考方法

到底什麼叫作「聰明」？這個問題存在無數的解答，讀者也能浮現各種自我的解讀與想像，總之就是：腦袋轉得很快、擅長抽象思考、擅長圖解或是用簡單的方式說明、很會念書……等等。

但卻很少有人說出「會慢慢思考」這樣的答案，接二連三想出新點子、可以立刻開口說出精準主張的人確實讓人感覺「很聰明」，相較之下就不禁讓人覺得，慢慢思考與聰明彷彿立於光譜的兩端。

聰明的人雖然擅長快速思考，但實際上他們的能力不只如此，還會適切地釐清狀況，並針對問題「刻意慢慢思考」。在「不謹慎小心就會出錯的時候」，以及「必須多方思考各種可能性的時候」，慢慢思考反而才能充分發揮出真正的能力，所以這也是聰明的重要因素之一。

能夠慢慢思考的人，除了會去注意本身的思考之外，也懂得如何謹慎地執行，他們能發現容易出錯的情況並加以應對，所以才能減少失誤的發生。

他們在找出更好的點子或是假設（構想）之前，會因應狀況推進自我的思考，而且絕不輕言放棄並持續思考至最後一刻，因此可以發揮他們推敲多種可能性的想像力和創造性。

本書的重點就聚焦在這裡，將慢慢思考（有意識地慢慢思考）稱為「慢思考」，把運用這種思考技巧的方法稱為「慢思術」，並介紹給大家。

你可以花多少時間思考呢？

假設現在有個需要你思考的重要課題，即使給出的條件是「思考時間不受限」，也很少有人能夠徹底思考並找出最佳解答，甚至也有許多人思考了一整天之後，「想來想去結果還是繞不出死胡同，最後什麼事情都沒有解決」。

你有自信能在左右人生或工作的時刻「正確思考」嗎？你有徹底運用頭腦，並確實思考到底嗎？或者你只是自以為在思考，其實只是在敷衍了事？你是否曾將浮上心頭的「靈光一閃」當作思考過的依據，然後就這樣蒙混過去了呢？

但最重要的是，你是否打從心底認同自己找出來的答案呢？

本書就是為了要解決這種「無法深入、踏實思考」的問題，以及「不管過多久，總是思考著相同一件事」的煩惱。

爲了「靠自己的力量做到深度思考」

想要鍛鍊慢思考能力，就要實際運用自己的大腦，並開始有意識地慢慢思考，而本書將搭配具體的問題來進行解說。

但想要腳踏實地靠自己的力量，一邊閱讀本書一邊解決問題，這樣訓練思考的方式其實並不容易，所以本書採用對話的形式，藉此逐一給出提點與建議，讓大家可以自行推進思考並突破自我極限。透過登場人物的對話，理解慢思考的架構，讓你可以在閱讀過程中自然而然地體驗慢思考這件事。

當你實際跟我一起解決書中為你準備的問題時，就能明白自己的思考傾向容易出現哪種模式的錯誤，並看出自己思考的弱點（誤解、妄下結論等等），當你有了這些認知，並能適當地運用慢思術之後，就能培養出腳踏實地的深入「思考模式」了。

只要反覆這個練習，除了能讓你的思考持續力不斷成長之外，也能更快速地進行高精準度思考，我在開篇提到了「快速思考」，這原本就能不仰賴腦袋的瞬間爆發力，只要透過慢慢思考的累積就能達成。

慢思術的「兩大功用」

正如前面所述，「慢思術」為本書精選出培養慢思考能力所需的重要事項，這在推進深度思考的過程中具有兩大功用：

① 迴避思考謬誤
明白容易出現思考謬誤的狀況與場合，並加以注意。

② 產出更好的思考
可以順利推進思考，找出更適當的點子或穩妥的假設（構想）。

①的功用就是拿來克服思考謬誤源頭的各種認知「偏誤」，特別在本書前半會提到人類大腦常見的各種習慣，以及該如何慢慢思考的技巧。

②也被稱作「思考工具」，只要知道各種思考工具以及其使用方法，就能產出多樣性的想法，提升思考品質。本書不僅會介紹一般的思考工具，也會將科學中使用的基本方法，當作日常情況裡有效的思考工具來為大家介紹。

光是理解有這種慢思術的存在就能派上用場，而當你能夠有意識地使用這個方法，就能減少失誤，增進適當提案與假設的能力，本書的目的就是引導大家如何訓練出這項能力。

最後請讓我不厭其煩地再次強調。

即便是聰明的人，思考的速度也並不都是那麼快速。

希望大家可以慢慢地、踏實地、不急躁地邊思考邊閱讀本書。

本書內容

Lesson 1　什麼是「慢思考」？

首先解說慢思考的基本步驟，僅僅只要三個步驟，就能飛躍般地提升你的思考能力，這堂課同時兼具大腦暖身的功用，請輕鬆閱讀即可。

Lesson 2　兩種思考模式

配合人類的思考結構來解說慢思考具有的效果，並訓練自己利用慢思考來解決「事物的動向」與「道德的判斷」等用直覺容易產生失誤的問題。

Lesson 3　掌握妄下結論的機制

你是否擁有這種先入為主的觀念：「聽到名字就輕率判定對方是男是女」或「竟然有這樣的人存在」？只要學會慢思術，你就能了解「妄下結論」的原因，並且能避免這種事的發生。

Lesson 4　「語言」要慢慢思考

只要用語言表現出自己的思考推進過程，就能把注意力放在思考上，然後更進一步地深入思考，同時也能將語言當作「思考工具」靈活運用。

Lesson 5　明白因果關係，就能提升思考品質

正確理解「原因」與「結果」比想像中困難，因果關係與科學、健康及生活密不可分，就連那位森鷗外[1]都因為輕忽深思熟慮而導致悲劇的發生，為了不要步上他的後塵，就要學會能仔細思考因果關係的思考技術。

1 編註：1862－1922，本名森林太郎，日本明治至大正年間小說家、評論家、翻譯家、醫學家、軍醫，與夏目漱石（1867－1916）齊名的文豪。

Lesson 6 好好應對容易混淆的因果關係

學習日常生活中容易與因果關係混淆的易錯點[2]，只要學會慢思考，就能明快推導出「在○○約會就會分手」這類謠言的真偽。

Lesson 7 思考嶄新的解決方法

大家應該或多或少都有聽過「兩難」(Dilemma)[3]這個名詞吧，利用慢思術找出應付這種絕望狀況的解決方法，這個解決方法只有三種模式，只要學會了，你就可以冷靜應對兩難情況。

Lesson 8 尋找真正的原因

利用慢思術找出因果關係的「原因」，學習證明假設正確與否的步驟，以及實際運用在研究上的科學思考基本方法。

Lesson 9 三個迅速提升思考精準度的方法

學習如何檢討「原因」，借此提升思考精準度的三個思考方法，只要掌握這套方法，無須花費多餘的金錢與勞力，就能作出精準的檢證。

Lesson 10 避免被弔詭的事情矇騙——綜合演練

學習如何應對現實中常出現的偽科學及陰謀論，只要將Lesson 1到Lesson 9的內容融會貫通，就能掌握實踐的方法，最後一堂課更是幫助你判斷、思考資訊正確與否的要點集大成。

2 編註：比喻不能改動或不可磨滅的言論，用來形容文章或言辭的精準得當，無懈可擊。
3 編註：源自希臘語雙重命題（δίλημμα），是一個提供兩種可能性的問題，這兩種可能性都不是明確可接受或更可取的。

本書的使用方法

問題

這是為了讓讀者體驗慢思術所設計出來的問題，無法立刻解開的問題也可以從對話中得到線索，讓讀者可以靠自己的力量突破思考的極限，並從中實際體驗思考的謬誤，也能在實際感受之後，自然地學會如何使用慢思術。

A 解答

這裡會明確寫出問題的解答，但請不要馬上看答案，忍下衝動，先自力思考，遇到記述性的問題時，即使有什麼想法出現，也不要立刻翻看答案，請先透過書寫或闡述將「答案化作語言」，如此就可以提升你的思考能力。

慢思術

這裡統整了培養慢思考能力所需的關鍵要點，當你學會了慢思術，並能有意識地慢慢思考之後，就能減少謬誤的發生，然後提升找出適當點子或假設的能力。

POINT

這裡彙整了希望讀者在慢慢思考時，務必了解的基本知識，這些知識通常都能在生活中派上用場，而且學會之後就能立即運用，光是知道「存在這種方法」就具有驚人的效果。

STEP UP

SET UP的要點比POINT更專業，難度也更高，「想要擁有深入思考能力」的讀者，請務必掌握這些要點。

登場人物介紹

老師（＝植原）：那麼，差不多該請書中的人物來向讀者們自我介紹了。

早杉：好的，我叫作早杉直人，剛出社會第二年，幾乎每天都會粗心大意犯錯，感覺公司裡的同事們差不多也對我磨盡耐心了。公司的文殊前輩看不下去，所以才帶我來這邊。

文殊：我是文殊真理，姓氏唸作「Monju」，名字的「真理」念作「Makoto」，我大學時是植原老師的專題研究生。早杉真的非常毛躁，前陣子就發生了一件慘事，他一聽到客戶公司位在大宮，然後就……

早杉：是啊，我一聽到大宮就以為是埼玉縣的大宮，但實際上是京都的大宮，原本應該要去拜訪客戶，結果因為搞錯地點完全趕不上約好的時間。我就是這樣的人，還請埴原老師多多關照！

文殊：唉～你做事的感覺就像這樣，讓人傷透腦筋……

早杉：咦？怎麼了嗎？我是不是又搞砸了什麼事？

老師：沒事沒事，沒有關係，看來早杉確實很需要學會慢思術呢……對了，機會難得，就用這個例子來出題吧。

問題 0　早杉立刻犯下的錯誤

早杉剛剛的發言中出現了一個錯字。
你發現了嗎？請指出來。

老師：等我們進入本書的內容之後，我就會揭曉正確答案，這就先當作給大家的功課，請大家在答案揭曉前找出來喔。

Lesson 1

什麼是「慢思考」?

1 首先，請試著否定浮上腦海的想法

「慢思術」的課程從今天開始，早杉和文殊兩位學生走進研究室來——

文殊：打擾了，老師午安。

老師：請進，午安。

早杉：從今天開始正式要請老師多多指教。

老師：嗯，請多指教。那麼，我先前出了作業，就是「登場人物介紹」最後出的問題 0（沒看到的讀者請回頭確認「登場人物介紹」），請問找到早杉的錯字了嗎？

早杉：我自己也嚇了一大跳，沒想到我搞錯老師的名字了，真的非常抱歉！

問題 0 的解答

老師的姓氏是「植原」，但早杉錯看成「埴原」。

老師：你不用太在意……但是啊，我有遇過「榎原」或是「埴村」，很少會看到「埴原」呢，這是要唸成「Hanihara」嗎？

早杉：對不起，我真的很常出現這種誤會或自以為是的偏見，自己也很傷腦筋。我想要改善這一點，成為一個可以仔細、用心思考每件事情的人。

老師：想做到這點，就必須做到不慌不忙、不疾不徐，也就是要能夠慢慢思考。我接下來就要教你如何做到這件事情，首先第一個訣竅就是「試著先刻意作一次『否定』」。

慢思術 1

首先，否定第一時間浮現的想法或別人的意見，然後詢問自己：「有沒有不是 A 的可能性」。

老師：即使你立刻冒出什麼樣的想法也要努力忍耐，阻止自己立刻飛撲上去，這就是「慢思考」的出發點。為了做到這點，其中一個有效的方法，就是試著提出「這個想法或許不正確」這樣的否定式提問。

文殊：老師，我認為可以跟之前我們上課時常常做的一樣，透過問題來練習會比較好。

老師：說得也是，那我們就用問題來稍做練習，也順便確認一下早杉是怎樣思考問題的吧。

早杉：好的，我知道了。

老師：順帶一提，接下來會出現「假設」這個名詞，粗略解釋，假設就是「闡述其妥當性（合理性）及對錯的主張或說明」[4]，這個名詞接下來會反覆出現，所以請大家要先了解它的意義。那麼就來出題吧。

問題 1　完全一模一樣的兩個人

耕助和英治的外表長得一模一樣，一問之下得知，他們倆不只身高與體重相同，連出生年月日和雙親也都一樣，更別說他們連 DNA 都相同了。但是他們兩人不是雙胞胎。

——咦？這到底是怎麼一回事呢？請試著思考最合理的假設。

4 原註：希望大家不要對假設抱持「管它正不正確」、「提出答案後就到結束」這種稍顯負面的印象，而是將假設視為「透過確認與討論，來產生更棒的主張與解釋」這種帶有正面意義的構想。

早杉：咦？耕助和英治的外表、生日和父母全都一樣對吧？

老師：對，沒錯。

早杉：那他們絕對是雙胞胎啊。

文殊：那我們來試著使用老師剛剛說的技巧吧。

早杉：說得也是，讓我來試試看。「刻意否定第一個冒出來的想法」，把這個想法轉換成疑問句之後就會變成「耕助和英治是雙胞胎，但有沒有可能不是這樣呢？」

老師：把這句話再簡化一點會變成怎樣呢？

早杉：好，「兩人或許不是雙胞胎？」……咦？不管怎麼想都只會是雙胞胎啊，這是怎麼一回事？

老師：總之請先忍下這個念頭，別把第一個想到的答案當成最後答案。很好、很好，當你能保持這樣的狀態，接下來就要進入下一個階段的技巧。請再次仔細閱讀問題，好好確認問題中描述了什麼條件。

慢思術 ②

反覆確認條件，你很可能錯失了什麼線索，也可能會想到其他的假設。

早杉：我記得問題裡面寫了「這兩個人不是雙胞胎」，這個嘛，再仔細看一次……喔？DNA 也完全一樣，我知道了！那他們是複製人！

老師：（笑）原來如此，你的答案真有趣。但如果是人工創造出來的複製人，他們的出生年月日應該不同喔，而且這個問題是要你想出「最合理的假設」啊，雖然不能說沒有複製人的可能性，但這個假設不太現實。

早杉：啊啊，說得也是。嗯？

老師：總之，你已經可以思考出與第一個答案不同的假設了。並非一開始就得要馬上想出正確的說法，只要試著從各種角度思考，最後能得出一個感覺合理的假設就好了。為了做到這點，就要發揮想像力，試著思考各種可以符合條件的狀況，也可以去看看內容有所相關的書籍或是網站。另外，單純和其他人聊聊也是不錯的方法，因為就算再聰明的人，都很難可以一直獨自埋頭苦思啊。

慢思術 3

在找到最合理的假設之前，要堅持不懈地多方思考，發揮想像力、參考文獻資料、和其他人商量……等等，也都是有效的方法。

老師：所以說，文殊，可以請你說幾句話，提供一點假設的線索讓早杉思考嗎？

文殊（小聲說）：……就是小松先生啦。

老師、早杉：？！

文殊：我昨天晚上正好看了《小松先生》，所以立刻就知道這個問題的答案了。

老師：《小松先生》？（和赤塚不二夫的又不同嗎？）[5]

早杉：哎呦，就是一部有六胞胎兄弟的動畫啦。每個人的個性都不同，但他們是六胞胎，外表長得一模一樣……啊！

老師：怎麼了嗎？

文殊：看來你想到一個不錯的假設了。

早杉：是的，我知道了，耕助和英治是三胞胎或四胞胎之類的。

老師：很好，這就是正確答案，辛苦你了。

早杉：哎呀～終於想到答案了。

5 譯註：《小松先生》（おそ松さん）是為了紀念日本漫畫家赤塚不二夫（1935－2008）誕辰八十週年，以其創作的漫畫《小松君》（おそ松くん）所改編的電視動畫。

問題 1 的解答

耕助和英治，是三胞胎（或人數更多的多胞胎）[6]。

老師：那麼，文殊，你看下來有什麼感覺？你認為早杉為什麼遲遲沒辦法找到正確答案呢？

文殊：我想大概因為他一開始就斷定是「雙胞胎」，所以才沒辦法想到其他可能性。

早杉：沒錯，因為問題寫了「不是雙胞胎」，反而讓我滿腦子只能想到雙胞胎了。

老師：就是這類的先入為主觀念阻礙了思考，因此，「先否定一次，不立刻下結論」的技巧可以發揮很好的效果。那麼，讓我們依序整理剛剛提到的慢思考技巧步驟吧。

POINT　慢思考的基本三步驟（慢思術 1 ～ 3）

1. **首先，否定第一時間浮現的想法或他人的意見，詢問自己「有沒有不是 A 的可能性」。**
2. **反覆確認條件，很可能錯失了什麼線索，也可能想到其他假設。**
3. **在你找到最合理的假設之前，要堅持不懈地多方思考，發揮想像力、參考文獻資料、和其他人商量……等等，也是有效的方法。**

老師：應該也有人擅長問題 1 這類的問題，馬上就能找到答案，但即使是這樣的人，讓自己明確了解「平常不需多加意識便能辦到的事情」，也有很大的好處，因為這能讓你進一步確認要再琢磨的想

6. 原註：除此之外，雖然說服力稍顯不足，但答案也可能是「其實耕助和英治是同一個人（例如分別為本名和筆名）」，本書出現的問題，除了書中提出的解答外也還會有其他的答案，希望心有餘力的讀者也能檢討其他可能性。

法，以及有待加強的部分，而且即使是類似的問題，也不見得每次都能順利找到正確答案。

STEP UP｜否定與脫鉤

在檢討各種假設時，不僅需要思考當下正在發生的現實狀況，也要思考各種「可能的狀況」。

這就是「假設思考」，這是一個不將當下心中的想法（專業術語稱作「信念」）與實際世界的狀態直接連結，頂多只用假定的方式作理解，能將想法與現實「切分開」的能力，也就是所謂「脫鉤」的技巧。這是受到認知心理學、發展心理學、進化心理學、心理哲學、哲學自由論等各領域研究者支持的理論[7]。

本書就是以這個想法為基礎，「先試著否定」，這就是啟動假設思考所需的脫鉤能力最有效的方法。「嘗試刻意否定」對人類的認知思考來說具有相當大的負擔，如果用下一堂課提到的雙重歷程理論來說明，它屬於「系統2」的熟慮領域。

7. 原註：我在此採用了史坦諾維奇（Keith E. Stanovich）《心理能用遺傳理論定義嗎？：從雙重歷程理論來看人類的合理性》（『心は遺伝子の論理で決まるのか——二重過程モデルでみるヒトの合理性』，倞田直子譯，みすず書房，2008）中提到的「（認知）脫鉤」這個用詞，因為這個能力或者可稱技能在許多領域中皆有研究，尚未有統一的名稱，也以「心理預演」、「心理表象」等概念運用在研究中。關於這個能力的進化，也請參閱網谷佑一《理性的起源：太聰明、太愚蠢，這就是人類》（『理性の起源——賢い過ぎる、愚かすぎる、それが人間だ』，河出書房新社，2017）第四章的內容。

2 懷疑自己，再次確認條件

早杉： 老師，謝謝您告訴我思考的步驟，但實際上照這個步驟來思考相當困難耶。

老師： 嗯，無庸置疑，這需要一定程度的練習。令人意外的，「慢思考」一點也不簡單，詳細理由我將在下一堂課說明，這真的需要付出一定程度的努力，因為「慢思考」與智商的高低無關，而是和人類的思考機制有關，所以我們要先充分累積讓自己能夠慢慢思考的練習才行。那麼，立刻進入下一個問題——

早杉： 什麼！

老師： 別哀號，這個問題改編自喬治·波利亞《怎樣解題》[8]中出現的問題，這本書的日文翻譯版在 1954 年出版，可是從古典名著中拿出來的問題喔。

問題 2 回到 P 點的熊

一隻熊從 P 點朝正南方前進兩公里，接著轉向正東方又前進兩公里，接著再次轉向朝正北方前進兩公里，正好可以回到出發點的 P 點。

——請問，你認爲這隻熊最有可能是什麼顏色的熊？

早杉： 這是數學問題嗎？問題中出現「P 點」，一般來說，這種問題不會用「熊」而會用「小武」之類的人名吧……咦？最後問熊是什麼顏色，這什麼問題啊？！

8. 原註：喬治·波利亞（George Pólya，1887－1985），《怎樣解題》第 226 頁（『いかにして問題をとくか』〔*How To Solve It:A New Aspect of Mathematical M*〕，柿內賢信譯，丸善出版，1954／繁中版：天下文化，2018）。本書主要討論解開數學問題的方法，但不僅限於此，裡面也給了我們許多提示，告訴我們遇到新的問題時該如何應對，至今仍相當受用。

老師： 你認為答案是什麼呢？

早杉： 文章只有提到熊怎樣移動，從這裡怎麼可能看出來這隻熊是什麼顏色的啦！

老師： 哎呀，你先冷靜一下，回想一下我剛剛教你的技巧。

早杉： 剛才教的步驟 1，不要朝第一個浮現到的想法飛撲上去，要忍下來，所以要先否定，然後再問自己：「光看移動的方法無法知道熊是什麼顏色，或許並非如此？」但直接用這句話來思考有點難，可能要把句子改寫成普通一點的說法。

老師： 關於否定的方法，我晚一點會再進一步詳細解說，你現在有辦法用自己熟悉的方法表現嗎？

早杉： 「或許能從移動的方法得知熊的顏色？」

老師： 沒錯沒錯，在第一步忍下來之後，就可以進入第二個步驟了。

早杉： 好，步驟 2 是「反覆確認條件」……但我重讀之後，還是覺得文中只寫了熊做了移動，然後回到原本出發地的 P 點而已耶。

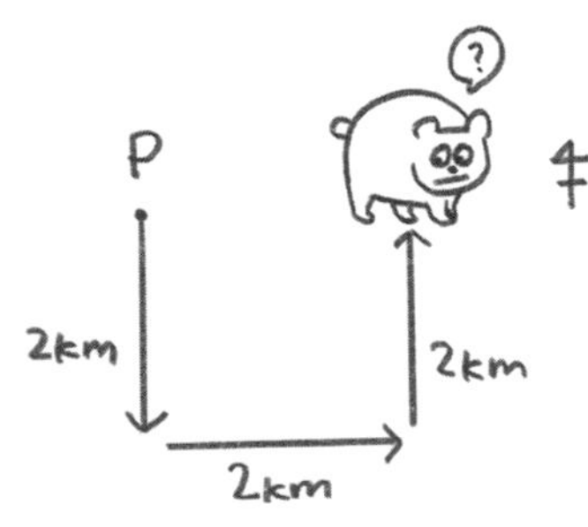

文殊： 關鍵就在這裡，你可以把條件用圖示表現。

早杉： 文殊前輩已經知道這個問題的答案了嗎？唔唔，那我就照你說的畫圖出來看看……（上圖）咦？有點奇怪耶，這樣沒辦法回去 P 點啊。

老師： 你再重讀一次問題，條件是「熊從 P 點出發後回到 P 點」喔。

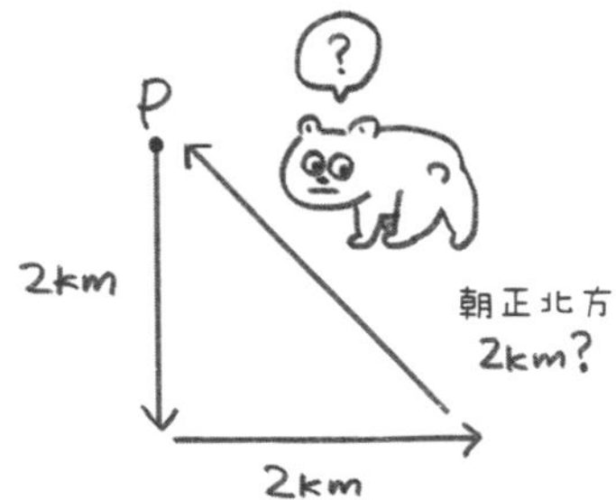

早杉： 如果硬要畫出來就會變成這樣（下圖），但這樣一來，「朝正北方前進兩公里」的條件就不成立了……？

老師： 喔喔，很可惜，就差一步了。

早杉：這個圖很接近答案了嗎？！嗯～？……不行，我已經暈頭轉向搞不清楚了。在步驟 3「想到最合理的假設之前，要堅持不懈地多方思考」陷入瓶頸了。

老師：真拿你沒辦法，文殊，能不能給他一點提示？這也是「和別人商量」的一環。

文殊：說是提示，但幾乎就是答案了啦，其實 P 點就是北極點。

早杉：北極？那圖的規模就要提升到地球等級了耶。我再努力看看，這樣一來圖會有點變形，要從北極點出發……

文殊：也就是所謂的非歐幾里得幾何學[9]。

早杉：（？？？）……我知道了，因為地球表面會轉動，所以可以回到 P 點。

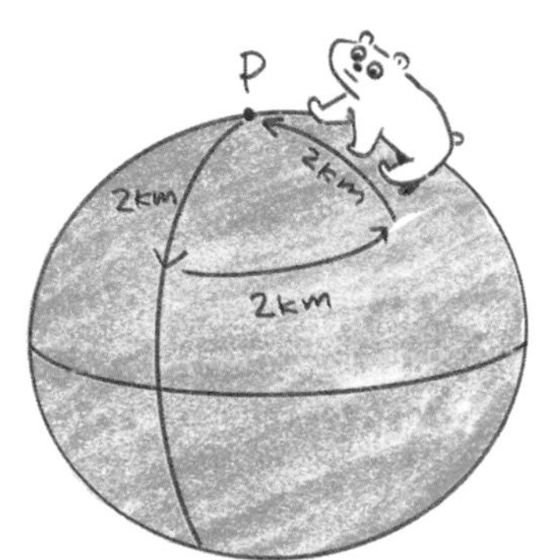

老師：嗯，那麼，最後請建立熊是什麼顏色的假設吧。

早杉：在北極的熊，所以是北極熊，答案是白色。

老師：嗯，終於找出答案了。順帶一提，如果從北極點以外的地方出發就沒辦法回到原點，希望大家可以確認一下。

9. 原註：與普通的幾何學（歐幾里得幾何學）不同，為在地球或氣球等球面上畫出圖形的幾何學。舉例來說，像形狀圓潤，內角和不會變成一百八十度的三角形等等。否定歐幾里得幾何學「基礎理論」中的平行線公理「通過一個不在直線a上的P點，有且僅有一條不與該直線相交的直線。」取而代之的是根據設定怎樣的公理，非歐幾里得幾何可以創造出多個模式（球面上的幾何學就是其中一種）。

A

問題 2 的解答

白色。

早杉：——我覺得啊。

老師：覺得什麼？

早杉：雖然在北極點附近，但也不見得是北極熊吧，也可能有人類把棕熊或亞洲黑熊帶去那附近，所以答案也可能不是白色。

老師：喔喔，你怎麼突然變得這麼機靈，你已經能好好實踐「不馬上把想法當作最後答案」這點了呢。

文殊：但這題問的是「最有可能是什麼顏色」，「最有可能」也就是要你提出「可能性最高的假設」，既然如此，可能性最高的就是北極熊了。

……老師真厲害，連這部分都設計得很周到。

早杉：哇啊，原來是這樣。

老師：沒錯沒錯，正如文殊所說的，我已事先想到了這件事，但早杉也越來越進步了喔。

那麼，接下來就讓我簡短解說一下什麼是「否定」，雖然這是很基礎的內容，但對第一次接觸的人來說可能會有點難理解，如果覺得不好理解，第一次先直接看過去也沒有關係。

POINT 重新思考關於否定這件事

我們平常會在不知不覺中作出否定，其實否定是個相當難以處理的東西。

當我們想要否定「A」時，日常生活中會用「不是A」或「並非A這麼一回事」等等的說法，但說出口時常常會帶有責備的意思。也就是說，「不是A」會被解釋成「A不行」、「不可以是A」這樣的意思。如果排除這類責備的意涵，只純粹解釋成否定，結果會如何呢？

答案會變成這樣：提出A主張之後，明白指出「A是錯誤的答案」，這才是「否定A」的正確方式。但要特別注意，不可以將「錯誤的答案」解讀成責備，它頂多只存在「與事實不符」、「不是真的」這樣的意義（但也只是在說明的過程中，使用了「錯誤」這個具有否定意義的詞彙而已）。

那麼關於A的否定，也就是「不是A」或「A是錯誤的答案」，接下來我要更進一步斤斤計較「它錯在哪裡」。

比方說，假設A指的是「早杉去年爬了富士山」，那A的否定就是「早杉去年並沒有去爬富士山」。

此時，「早杉去年爬的不是富士山」、「去年去爬富士山的不是早杉」、「早杉去爬富士山不是去年」等等，否定的要素不同，就會出現好幾個說明詳盡、但意思不同的句子[10]。

最後要提及一個偏技術性的東西，將否定轉換成日常表現的說法時，有幾點需要多加注意。在此稍微提一下關於「所有」以及「所在（存在）」的否定。

10. 原註：詳細內容請參閱野矢茂樹《入門！道德哲學》第二章（『入門！倫理学』，中央公論新社，2006）。

① 否定「所有」(也就是部分否定)

A「所有雙胞胎都一模一樣」

A的否定「並非所有雙胞胎都一模一樣」

→將其轉換成日常表現的說法

「雙胞胎也可能不是一模一樣」

「也有不是一模一樣的雙胞胎」

② 否定「存在」(也就是全部否定)

A「熊也有白色的(也有白熊)」

A的否定「並非熊也有白色的(也有白熊)」

→將其轉換成日常表現的說法

「熊沒有白色的(沒有白熊)」

「所有熊都不是白色的」

3 克服從知識延伸出的先入爲主觀念

早杉：到這邊練習了兩個因為先入為主的觀念而卡關的問題，首先先試著思考「這或許並非正確的」，否定第一個想法是慢思考的第一個訣竅。請問老師還有類似的問題嗎？

老師：這個嘛，其他還有類似問題，這種問題說不定很適合文殊喔。

問題 3 請問你知道《舊約聖經》嗎？[11]

摩西[12] 分別各帶幾頭所有的動物上方舟呢？

11. 原註：羅伯・布萊瑟頓（Rob Brotherton），《越聰明的人越容易被騙——對心和大腦設下的「陷阱」大解密》第224－226頁（『賢い人ほど騙される——心と脳に仕掛けられた「落とし穴」のすべて』，中村千波譯，ダイヤモンド社，2020／繁中版：《為什麼我們會相信陰謀論？》臉譜，2017）。順帶一提，問題3的標題我是從「阿刀田高《你知道《舊約聖經》嗎？》（旧約聖書を知っていますか），新潮社，1994」直接借用（從現代的角度來看，這本書的內容有些表現讓人有點在意，但就接觸不甚熟悉的《舊約聖經》概要這點來看，是本不錯的書）。
12. 編註：Moses，西元前1330－西元前1210，西元前13世紀時猶太人的民族領袖，猶太教徒認為他是猶太教的創始者。

老師：「摩西」也被譯為「梅瑟」。

早杉：啊，我對《舊約聖經》確實不太了解，這邊就交給文殊前輩了。

文殊：這是在神明要用洪水毀滅大地前，把動物們帶上方舟的故事對吧。為了留下後代而各帶了雌雄一對動物上船，所以答案是各帶兩頭……

老師：呵呵呵。

早杉：咦？文殊前輩答錯了嗎？老師看起來好開心喔。

文殊：？

老師：這是羅伯·布萊瑟頓在《越聰明的人越容易被騙》一書中介紹過的問題，正如這本書的書名所示，文殊被騙到了呢。其實正確答案是……哦不，在我解說之前，再來一題類似的題目，請堅持一下，再多想一下下吧。

問題 4 請問你知道日本神話嗎？

請問日本武尊[13]砍下了八岐大蛇[14]的幾顆頭？

文殊：八岐大蛇是有八顆頭的蛇對吧，牠是河川氾濫的象徵，據說打敗牠的神話反映出治水事業的歷史，從牠的頭全都砍掉了來看，這題的答案應該就是「八顆頭」，不對嗎？

老師：嗯，請先回想一下今天教的訣竅。

文殊：好的，那我先寫出疑問句：「日本武尊砍下八岐大蛇的頭的數量為八顆頭，或許並非如此？」

老師：首先就從這個形式開始，根據我剛剛對於否定的解說，稍微試著改寫這段文字吧。

文殊：這可以有好幾種說法呢，假設這句話中只有一個地方錯誤，我試著寫出幾個不同的說法。

13. 編註：72－113，日本彌生時代人物，其子嗣為日本天皇的直系祖先。
14. 編註：日本神話中的怪物，有著八頭八尾的外貌，身體內藏著一把傳說中的寶劍（三神器之一的草薙劍）。

■日本武尊砍下八岐大蛇的頭的數量，或許並非八顆頭？
■日本武尊砍下八顆頭的，或許並非八岐大蛇？
■砍下八岐大蛇八顆頭的，或許並非日本武尊？

早杉：哎呀，對啦，就是這樣啦！

老師：喔，早杉你突然怎麼啦？

早杉：這個問題本身就很奇怪啦，因為打敗八岐大蛇的不是日本武尊，而是素戔嗚尊[15]啊。

老師：哎呀，你還真清楚耶，其實陷阱就在這裡。但早杉，你喜歡日本神話啊？

早杉：沒有啦，因為我是出雲[16]人，從小常常聽這些故事。素戔嗚尊打敗在出雲國作亂的八岐大蛇之後，八岐大蛇的尾巴長出劍來，那把劍被祭奉在伊勢神宮[17]裡，後來被日本武尊拿走了，那把劍就是草薙劍——原來是這樣，因為傳說中日本武尊曾經來過出雲，所以可能有人會把他和素戔嗚尊搞混。

文殊：嗯，然後我也被騙到了。如果是這樣，這問題的答案就是……「0」，這樣回答可以嗎？

老師：對，這樣就可以了。這是陷阱題的一種，那我們回到問題3，問題3和4的陷阱幾乎相同。

早杉：陷阱是「摩西」嗎？

文殊：啊啊，原來是這樣，真是的，造方舟的不是摩西，是挪亞[18]啦！

早杉：姑且也把文殊前輩的第一個答案寫成否定文吧，然後最後一句是正確答案，答案是「各0頭」。

15. 編註：日本傳說中的人物，其性格變化無常，時而兇暴時而英勇，最著名事蹟為斬殺八岐大蛇。
16. 編註：位於日本島根縣的城市，以「神話之國出雲」而聞名。
17. 編註：位於日本三重縣伊勢市的神社，被定為神社本廳之本宗，即神社本廳所屬所有神社的中心，保存著象徵日本皇權三神器之一的八咫鏡。
18. Noah，西元前2970－西元前2020，上帝指示挪亞建造一艘大船，目的是為了讓挪亞與其家人，以及世界上的各種陸上生物能夠躲避一場洪水氾濫。

■摩西帶上方舟的動物並非各兩頭。
■摩西各帶兩頭動物坐上的交通工具並非方舟。
■各帶兩頭動物上方舟的人並非摩西。

老師：曾經接觸過《舊約聖經》故事的人，對摩西和挪亞的印象大概都是拿拐杖的白髮老人吧，而且摩西還有一個故事：分開大海創造出一條可以前進的道路，等到所有人都渡海後，又讓海水恢復原狀，讓追上來的埃及士兵溺斃。因此或許會和挪亞的故事一樣，讓人聯想到洪水。這是對《舊約聖經》有點了解的人才會上當的問題，這個問題的日本神話版，就是我剛剛說的日本武尊的問題。

問題 3 的解答
各0頭。

問題 4 的解答
0顆頭。

早杉：這是正面意義的「越聰明的人越容易上當」，所以可以這樣說，文殊前輩還真是不簡單耶。

文殊：聽起來一點也不覺得開心。

老師：別在意別在意，若從稍微不同的角度切入，人類的大腦具有「聯想機制」這一個面向，因為我們的知識是將其他無數的知識串聯之後，所創造出來的一個網路構造，因此我們會透過聯想的方式，自動想起一連串相關的事物。這是人類很大的優勢，但也是我們容易上當受騙、掉入陷阱的原因。關於這點我們下次再談，今天這堂課就先上到這裡吧。

Lesson 1 總結

■想要深入思考一件事情，就需要養出慢慢思考的能力。

■「慢慢思考」意外地困難，但這個技能可以逐步培養。試著否定第一個冒出來的想法，好好確認每一個條件，試著想像各種不同的假設、案例……等等。

■想要學好慢慢思考的方法，重點就在反覆練習。

聯想與幽默

文殊：幽默就是利用了人類腦中的聯想機器，我很喜歡馬修・M・赫里等人寫的《人為什麼要笑》中的例子[19]（稍微做了一點改編）。

醫院管理者：你為什麼要從手術房逃出來，可以告訴我原因嗎？
病患：因為護理師說「別害怕，這是一個簡單的手術。」
醫院管理者：……就因為這樣？
病患：什麼叫「就因為這樣？」啊！護理師可是對外科醫生這樣說的耶！

早杉：說到「動手術」，大概所有人都會覺得，護理師這句「別害怕」是對患者說的吧，這個笑話還滿有趣的呢。

老師：搞笑藝人也很會引導我們開啟自動聯想——仔細想想，這種現象還真的是相當奧妙呢。

19. 原註：馬修・M・赫里（Matthew M. Hurley），《人為什麼要笑：幽默存在的理由》第284頁（『ヒトはなぜ笑うのか——ユーモアが存在する理由』，片岡宏仁譯，勁草書房，2015）。

Lesson 2

兩種思考模式

1

人類具備兩種「思考機制」

——在研究室中，第二堂課就從延續上次的話題開始。

早杉：上一次我們學到了「先忍耐，別把第一個冒出來的想法當作最後答案，接著仔細思考」……

老師：嗯，就是「先否定一次」。

早杉：話說回來，在作否定之前，為什麼我們的大腦會擅自出現假設呢？就是因為這樣才會害我們搞錯啊！

老師：就像你說的，「擅自出現」的假設是一大關鍵。這跟我們人類的大腦如何運作有著非常密切的關係，這堂課就從這個話題開始吧。

早杉：好的，麻煩老師了。

老師：首先，思考大致可分為兩種模式，自己沒有刻意想要思考也會自動出現什麼想法就是其中一種模式，這種模式也被稱作「直覺」。

另一個就是你想透過這套課程學會的慢慢思考的模式，這種模式被稱為「熟慮」[20]。

而這兩種思考模式在人類的腦袋裡，是用兩種不同的系統運作的，要說明這件事情的架構就要透過接下來要提到的「雙重歷程理論」，就算只是了解個大概，也足以確認自己現在的思考位在哪個階段，也能幫助我們打好基礎，讓往後的思考變得更加順利。

POINT	雙重歷程理論

人類的大腦存在兩個系統：迅速、自動、在無意識中啟動，產生直覺

20. 原註：雖然用「深思」也可以，但「熟慮」已是固定的專有名詞了（「deliberation」的固定翻譯）。

的「系統一」；以及緩慢、有意識地努力才能啟動，負責熟慮的「系統二」。

「系統一」的直覺擅長聯想以及模式認知，所謂「模式認知」就如同判斷經過眼前的動物是一隻貓或是一隻狗，它會先找出藏在資訊中的模式是什麼，接著再決定這個模式屬於哪一種分類。

另一方面，「系統一」不擅長按部就班的計算（例如解方程式），或是處理從多項條件設定中，邏輯性地推導出結論這樣的工作。想要進行這類思考，就需要啟動「系統二」進行深思熟慮。

	系統一：直覺 （自動）	系統二：熟慮 （手動）
特徵	■快	■慢
	■自動的	■被動的
	■無意識	■需要下意識努力及專注
	■擅長聯想及模式認知	■進行按部就班的計算與推論
	■勤勞的努力工作者	■懶惰且遲遲不願意工作，即使開始工作，也會很快就消耗殆盡
	■較早演化出來	■較晚演化出來

老師：如果覺得「系統一」和「系統二」不好記，可以用「直覺」和「熟慮」的組合來記憶，這個「雙重歷程理論」也被稱為「雙重系統理論」或簡單稱作「雙歷程論」，在認知心理學中已被廣泛接受，而且仍在持續不斷地改良。

文殊：這也曾在行動經濟學中出現，丹尼爾・康納曼的《快思慢想》[21]就相當有名。

老師：概略來說，行動經濟學就是以心理學理論為基礎的經濟學，康納曼原本是心理學家，但因為在行動經濟學上具有開創性的貢獻，所以獲得了諾貝爾經濟學獎。

早杉：……所以說，在 Lesson 1「一模一樣的兩個人」的問題 1 中，聽到外表一樣、出生年月日相同，所以認為他們是「雙胞胎」，其實就是「系統一」直覺作用下的結果囉。老師在上一堂課的最後提到，人類大腦具有的「聯想機器」，說的就是這個吧。

老師：嗯，正是如此。在閱讀問題的條件時，聯想就會隨之啟動，結果立刻就自動出現了能滿足條件的「雙胞胎」這個答案（假設）。某種意義上來說，「系統一」是很勤勞的傢伙，但是，先行否定第一個浮現腦海的答案或假設，有意識地去想「不對，或許並非雙胞胎」，目的就是要強行喚醒「系統二」，讓我們的大腦開始進行「熟慮」。

只不過，「熟慮」是個容易消耗能量的懶惰蟲，需要費盡千辛萬苦才能讓它開始工作，所以說，「專注力」其實是相當珍貴的資源。

早杉：這也和上次提到的，「想要慢慢思考，需要付出一定程度的努力才能辦到」有關呢。

老師：喔，你記得很清楚呢，佩服、佩服。

文殊：只不過，應該也沒辦法持續使用「系統二」的熟慮才對吧，因為這會讓人筋疲力盡。早杉確實因為只靠直覺的主觀臆斷而經常犯錯，但從這裡其實可以看出，他把「系統一」運用得很好，要不然他肯定會充滿混亂，甚至連日常生活也沒有辦法好好過吧。

老師：你說得真是精準到位，連同這一點在內，我用比喻的方式再試著重新說明一次：我們可以將兩種系統的差異，視為「自動模式」與

21. 原註：丹尼爾・康納曼（Daniel Kahneman），《快思慢想》（『ファスト&スロー』，村井章子譯，早川書房，2014／繁中版：天下文化，2012）。

「手動模式」的不同，平常時候只要交給「自動模式」，一切就能順利運行，我們也因此能過著順暢的日常生活。但偶爾也會遇到「自動模式」無法應對的情況，因為無論如何都會碰到直覺出錯的時候，在這堂課中，我會舉出幾個類似的情況作說明。

順帶一提，上次提到的陷阱題，就是「刻意創造出容易產生直覺錯誤的陷阱」。

文殊：遇到這種狀況，我們就要把思考切換成手動模式。

老師：正是如此，不管是機械還是交通工具，在還不習慣的時候想進行手動操作，都得要有意識地努力才行。與其相同，想使用「系統二」的熟慮也並不容易，得不斷累積訓練次數才行。

慢思術 4

掌握「直覺」容易出錯的情況，巧妙運用「熟慮」。

早杉：老師，可否舉例說明，這樣感覺可以確認我們是不是真的理解了。

老師：說得也是，機會難得，就讓我來出幾個問題吧，問題本身也可以拿來練習熟慮。

問題 5 思考模式的分類

請將①～⑦依照「主要以『系統一』的直覺（自動模式）」與「也需要一定程度『系統二』的熟慮（手動模式）」來進行分類。

① 「2×7」是多少
② 解讀「ヽ(｀Д´)ノ」這個表情符號代表怎樣的情緒
③ 步行前往平常通學或通勤時使用的車站
④ 正確算出書櫃裡有幾本書

⑤「52×7」是多少
⑥ 只靠「鬼瓦權造」這一個名字推測對方是怎樣的人
⑦「三人齊聚智如○○」中的○○是什麼

早杉：首先，①是「14」，只要背熟九九乘法就能立刻回答，所以是「直覺」。接下來，②是在生氣，這一看就知道，所以也是「直覺」。

老師：沒錯、沒錯，這樣回答就可以了，這兩題都是模式認知的類型之一。

早杉：接下來是③，只是走平常會走的路，就像用自動駕駛系統開車的感覺一樣，所以這也是「直覺」。
原來如此，中途偶爾要繞去超商或郵局辦事時，就切換成手動模式，就像這種感覺對吧。

老師：就是這樣，很不錯喔。

早杉：接下來是④，這也是「直覺」呢。

文殊：咦？這不是應該是「熟慮」嗎？

早杉：因為我家只有三本書啊。

老師：啊啊，確實如此，如果只有三、四本的數量，只要啟動「系統一」立刻就能判斷了（但只有三本書，這真的需要用到書櫃嗎？）。

文殊：我的話嘛，就要實際一本一本算過才知道了。

早杉：文殊前輩很愛看書啊，一本一本算屬於「系統二」中的「按部就班的計算與推論」是嗎？

老師：正是如此，看到那麼多書，沒有辦法靠直覺正確判斷出數量，此時需要改用手動模式，也就是需要「熟慮」才行。
再說得更細一點，「分辨何種物體會是一本書」，這也是模式認知的一種，因此「系統一」會自行啟動；相同的道理，想要正確算出書本的數量，就要啟動「系統二」才行。所以，這一題需要兩個系統攜手合作進行。

早杉：啊啊，我覺得我越來越了解了。與④相同，⑤也是「熟慮」，九九乘法的部分可以靠「直覺」，但稍微複雜的計算就必須啟動「系統二」，按部就班進行才行。

老師：就是這樣，但這題或許也有人可以心算得出來，此時，他光靠「系統一」的模式認知就足以應付了。

早杉：⑥光看名字會覺得「應該是一個很恐怖、很嚴肅的人吧」，這是用「系統一」來啟動「聯想機器」所出現的想法，因此答案是「直覺」。

老師：實際上，光靠名字不可能會知道對方是怎樣的人。相同例子也會在 Lesson 3 再次提到，判斷一個人的時候，會因為「系統一」使壞，而讓人容易產生偏見與臆測。

順帶一提，鬼瓦權造是很久以前北野武[22]在短劇中創造出來的角色，當你知道這件事之後，可能又會產生不同的聯想。那麼，再來就是最後的問題⑦。

早杉：好的……三人齊聚？智如？嗯～要填入〇〇中的字對吧。我很努力思考了，但答案是什麼啊，我完全不知道啦——啊，我想了這麼久，所以這是「熟慮」！

文殊：？！

老師：……這是一句諺語，意思是：只要很多人聚集起來，就能想到好點子。

你沒有聽過嗎？「三人齊聚智如文殊」[23]，這裡的文殊指的是佛教中象徵智慧的文殊菩薩。

如果你知道這個諺語，一看就知道答案，所以我原本是以「直覺」的意思來出題的，這也是模式認知的一種型態。其實，我是希望你可以用自動模式回答出來的，而且你還認識文殊耶……

早杉：哇啊啊啊啊……太丟臉了。

老師：不、不會啦，每個人都有剛好不知道的事情嘛。實際上，我前陣子

22. 編註：1947－，日本知名電影導演、演員、電視節目主持人、搞笑藝人。
23. 譯註：「三人寄れば文殊の知恵」，意思同「三個臭皮匠勝過一個諸葛亮」。

讀到的永井玲衣的《水中的哲學家們》一書中提到，作者在聊天時，有位朋友曾問她「九州[24]是在四國？」這種令人無比錯愕的問題呢[25]……雖然如此，但我反而覺得，當遇到不知道的事情時，可以當作一次學習新事物的機會，文殊，你說對不對？

問題 5 的解答

①直覺。②直覺。③直覺。④熟慮（也可能只靠直覺處理）。⑤熟慮（根據個人能力不同，也可能只靠直覺）。⑥直覺。⑦直覺（但若是不知道這句諺語的人，可能會轉換爲熟慮）。

STEP UP　人類的演化與雙重歷程理論

話說回來，為什麼人類的大腦會分出兩種思考系統呢？答案就在演化上的差異。有仔細閱讀的讀者應該會發現，在我剛剛說明「雙重歷程理論」時，「系統一」有寫到「較早演化出來」，而「系統二」則寫到「較晚演化出來」吧。

簡單講，啟動「系統一」的大部分狀況，是人類祖先為了在嚴峻的環境中生存下來，為了可以順利解決遇到的難題，在生物演化過程中逐漸發展出來的能力。正如同在問題5的幾個題目中看見的模式認知，它可以讓人類與所有動物在面臨生死關頭時發揮力量，並依靠直覺來解決問題。

「這些植物中哪些可以吃下肚？」、「在另外一頭的是危險的獵食動物嗎？」就像是這樣的問題。緊接著要提到的「物體運動」，或在Lesson 5之後會詳細解說的「因果關係」等等，這些課題也都有著異曲同工之妙。但也多虧人類發展出了「系統一」，才得以有技巧地追捕逃脫的獵物、看

24. 編註：位於日本西南部的島，日本本土四島（北海道、本州、四國、九州）之一。
25. 原註：永井玲衣，《水中的哲學家們》第38－39頁（『水中の哲学者たち』，晶文社，2021）。

出下雨和肉品腐爛之間的關聯……等等，這些都可以透過自動模式完成一定程度的處理。

雖然如此，但也一定會出現自動模式的思考無法處理、沒有前例、無法應對的問題或複雜情況。

因此，人類的祖先才會透過手動模式啟動「熟慮」，發展出「系統二」的思考機制。從生物演化史來看，這項機制是最近才發展出來的，對比和動物共通性高的「系統一」，「系統二」這個全新思考模式的出現，就是讓人類擁有靈活思考，並超越其他動物的最大原因。

也就是說，人類大腦的工作方式，是演化所造就出的一種，新舊系統混合的型態。

順帶一提，雖然稍微偏離了思考運作的話題，遠古的人類祖先遺留給現代人類的痕跡之一，最常被提及的例子就是「打嗝」。當我們的祖先還是兩棲生物的時候，神經系統可以在「鰓呼吸」與「肺呼吸」之間自由切換，現代人類也繼承了這個身體機制，只是早已沒有用處，但偶爾還是會意外啟動這項機制，那就我們熟知的「打嗝」。[26]

26. 原註：尼爾．舒賓（Neil Shubin），《人中之魚，魚中之人：從最新科學來解明人體演化35億年的旅程》第285－290頁（『ヒトのなかの魚、魚のなかのヒト——最新科学が明らかにする人体進化35億年の旅』，垂水雄二譯，早川書房，2013）。

2 可以簡單預測出飛盤飛行軌跡的理由

文殊：……話說回來，老師您剛剛提到直覺（系統一）有容易出現誤判的情況，這讓我想起學生時代老師在課堂上出過的問題，這是關於考驗直覺在「物體運動」上作用的問題，這是「系統一」容易出現誤判狀況的典型例子對吧。我覺得是個很好的練習，可以把這題拿出來問早杉嗎？

老師：說得也是，那時應該剛好提到「人類大腦的弱點」，關於運動的類型有好幾種，例如所謂的「直覺物理學」或「純粹物理學」等等，邁克爾．麥克洛斯基的研究相當知名[27]。雖然這屬於「物理學」的範疇，但並不是學校教授的那些物理學知識，而是「為了理解在日常生活中碰到的物理現象的架構」這種程度的意義[28]。好吧，就由你來出題考考他吧。

文殊：好的，早杉，你可以試著回答這個問題嗎？

問題 6 球的軌跡

飛機以一定的速度水平飛行，在某個定點從飛機上往下丟一顆保齡球。忽略空氣阻力與風勢影響，請問圖 A ～ D 的哪一個是保齡球落下的正確軌跡？另外，虛線飛機代表球落地時的飛機位置。

27. 原註：McCloskey, M. (1983). Naïve theory of motion. In D. Gentner and A. L. Stevens eds., *Mental Models*, Erlbaum.
28. 原註：以直覺物理學為首的直覺理論（Intuitive theories）究竟立足於多少先天條件，這在心理學、認知科學、哲學等領域中，都是不斷被討論的重要問題，但至少我們可以確定的是，就算不經過特別訓練，人在成長過程中就能自然培養出一套直覺理論。而關於在哲學方面的討論，可以參考植原亮的《自然主義入門：與知識、道德、人類本性相關的現代哲學之旅》（『自然主義入門——知識・道徳・人間本性をめぐる現代哲学ツアー』，勁草書房，2017）等書籍。

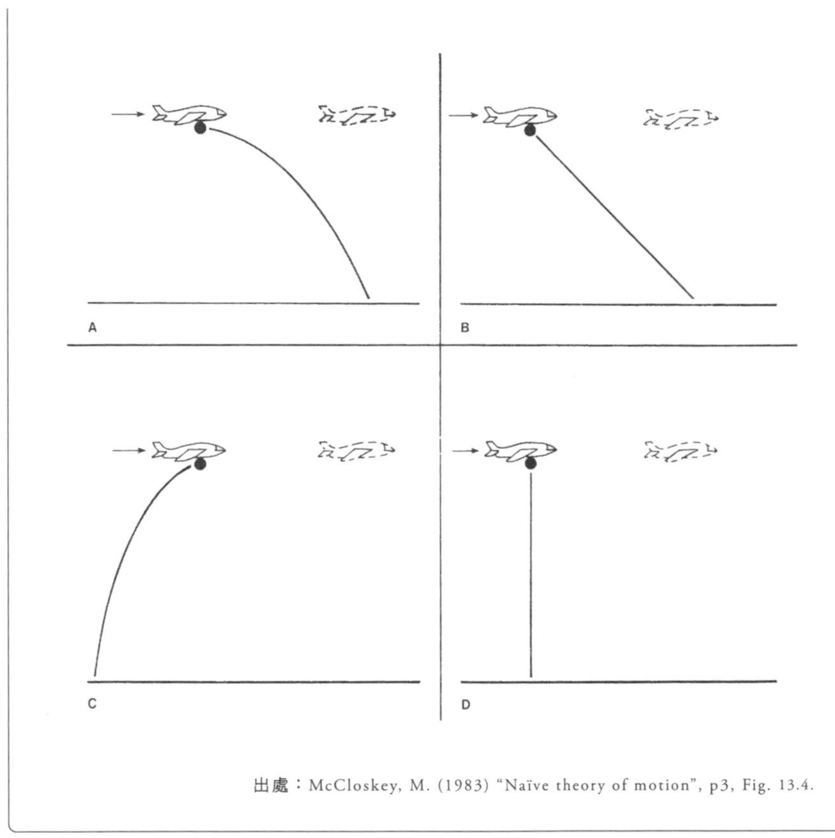

出處：McCloskey, M. (1983) "Naïve theory of motion", p3, Fig. 13.4.

早杉：我覺得這應該是「C」吧[29]……但反正接下來都要先否定一次對吧？那我就先講「或許並非 C？」了。

老師：的確是這樣沒錯，但接下來在你仔細思考之前，先說說你認為是「C」的理由吧。

早杉：好的，這是自己搭飛機，然後從飛機上丟保齡球下來對吧。我腦海浮現球會邊朝後方逐漸遠去，邊往下掉的畫面。

29. 原註：有些人可以靠直覺就找出正確答案，但希望這樣的讀者也能再多陪早杉一陣子。

老師：就跟騎自行車時錢包從口袋中掉出來，接著會發現掉在自己後頭的感覺差不多，因為反覆有過這樣的經驗，早杉的「系統一」才會直覺想出「C」這個答案，就跟反覆唸出聲音來背誦九九乘法一樣。

早杉：或許是這樣沒錯，但答案不是 C 對吧，那接下來就要試著好好確認題目給出的條件。

文殊：沒錯沒錯，好好仔細重新閱讀問題……這個問題並不是在問「自己坐在飛機上，從飛機上看會覺得球是怎樣掉下去的」喔，他問的是「保齡球落下的正確軌跡」，所以從飛機外看到的狀況來思考比較好吧？

早杉：喔～「從外面看起來如何」啊，如果是這樣……球會是往正下方掉的「D」吧。如果是這個答案，對飛機上的人來說，也會覺得球是往後遠離再往下掉的。

老師：其實，D 是大家最常選錯的答案，C 也是錯的。但比起 C，更多人會直覺認為 D 是對的。雖然這因人而異，但在日常生活中，我們也常會遇到「東西從手中離開時會直接往下掉落」的經驗。

早杉：什麼，不是 C 也不是 D ？文殊前輩，我認輸了。只剩最後的手段了，請給我一點提示吧！

文殊：真拿你沒辦法……當你想把球往遠處丟時，球會怎麼飛？用你在旁邊看別人投球的感覺想像看看。

早杉：丟出去的球，最先會往上飛，但速度會漸漸慢下來，接著停止上升，然後再往下掉，最後會掉落地面。也就是所謂的拋物線，如果用箭頭來表示方向並畫成圖，大概是這種感覺。

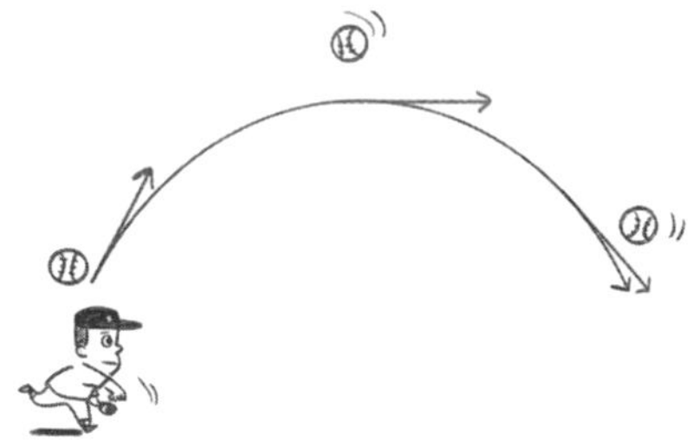

文殊：那回到這個問題，請將這張圖拿來對比看看，提示到此為止。

早杉：……答案是「A」嗎？原來是這樣，這就像是從我剛剛畫出的拋物線的頂點出發的感覺，球從飛機上掉下來之前也和飛機一起移動，所以一開始就有速度了。

文殊：就是這樣。

問題 6 的解答

A。

老師：好的，謝謝文殊的解說，早杉也辛苦了。從一般的狀況來看，光靠直覺也可以正確判斷物體是如何運動的。舉例來說，我們能夠玩飛盤，就是多虧了這項能力。大家應該都能判斷飛盤是怎樣飛的，對吧。

但也會遇到難以判斷的狀況，這就跟這個問題一樣，日常生活中，我們不可能看過保齡球從飛機上掉下來的經驗，當遇到這種罕見的狀況時，光靠直覺是不夠的，必須跟剛剛一樣，進行熟慮才行。

慢思術 5

有時無法光靠「直覺物理學」來掌握物體的運動，特別是物體做出平常不熟悉的運動時更要特別注意。

文殊：說起飛盤就讓我想到哲學家安迪．克拉克曾經說過，大腦這東西，整體來說就是「擅長丟飛盤，但不擅長邏輯」[30]。我覺得這也是人類大腦兩種思考系統的對比，丟飛盤是「系統一」，而邏輯是「系統二」。

30. 原註：安迪．克拉克（Andy Clark），《天生的生化人：心、科技、智能的未來》第119頁（『生まれながらのサイボーグ——心・テクノロジー・知能の未来』，吳羽真他譯，春秋社，2015）。

老師：是啊，飛盤運動可以靠直覺物理學簡單看出來，但像上面這個問題中出現的運動，如果不經過熟慮，沒在學校學過力學，就沒辦法簡單掌握。克拉克是在《天生的生化人》中提到這個譬喻。如果套用在現在這個話題上，多虧我們在學校努力念書，我們才能將力學這個 APP 裝在「系統二」上面，讓「系統二」可以加以運用。克拉克將力學這種為了思考使用的人工物質載入大腦中的狀態比喻為「生化人」[31]，所以對這樣的生化人來說，這類問題就一點都不困難了。

早杉：哎呀，這題真是解得很辛苦耶，應該還有很多跟這類問題相同，而「系統一」的直覺不擅長解決的問題存在，對吧？

老師：重點就在這邊，雖然只是重複之前提到的觀念，但最重要的是：你要知道光憑直覺，什麼時候是會容易出錯的。碰到這種狀況時，就更要謹慎小心地審慎思考，也就是要慢慢想。接著我預計一邊提示重點事項，一邊和大家進行大量練習。

——讀者之中，肯定有許多人想再練習一些跟問題6一樣的問題吧，我為他們多準備了一道題目。就算沒有被問題6騙倒，或光憑直覺也能找出正確答案的人，或許也會覺得這題有點難喔。

問題 7 | 硬幣的運動

如右圖所示，將兩枚相同的硬幣上下擺放，在上方硬幣中畫一個朝上的箭頭，接著把上方的硬幣沿著下方硬幣的邊緣轉一圈。

當這個硬幣來到下方硬幣的正下方時，箭頭會指向哪一個方向？

31. 原註：克拉克在書中所寫的，並非普通科幻作品中出現的，將各種人造物安裝在身體中，一半身體為機械的那種生化人。只是想要表現出，人類生物學的大腦為了思考，而與人造物（這不僅限於腦中用來思考的工具，有時也會如同計算時需要紙筆般，將己身置於個人以外的環境當中）產生密切關係之後所產生的整體性認知系統。

出處：史蒂芬．斯洛曼（Steven Sloman） & 菲力浦．芬恩巴赫（Philip Fernbach）。《自以為知道：無知的科學》第113頁，圖5（『知ってるつもり——無知の科学』，土方奈美譯，早川書房，2021）。

如何？若用直覺，應該有許多人會認為「箭頭會指向下方」吧，而在努力進行熟慮之後，依然覺得箭號應該還是指著下方，最終還是很難改變一開始就出現的直覺答案。

如果硬幣是在平面上邊轉圈邊移動，這個直覺會是正確的，而這種狀況對我們來說也較為熟悉。但遺憾的是，在曲面上移動時，相同的狀況無法成立。

下面就直接說出答案，無法認同的朋友請務必準備兩個硬幣，自己實際動手確認。順帶一提，這個問題源自一個教育學上的研究，它的焦點擺在「人類自以為知道的事情與實際狀況的認知差距」，相關的論述在斯洛曼＆芬恩巴赫合著的《自以為知道》一書中也有介紹過[32]。

問題 7 的解答

朝上。

32. 原註：史蒂芬．斯洛曼（Steven Sloman）＆菲力浦．芬恩巴赫（Philip Fernbach），《自以為知道：無知的科學》第四章（『知ってるつもり——無知の科学』，土方奈美譯，早川書房，2021）。

3 試著用兩種系統來思考道德問題

老師：這堂課的最後會用更能實際感受的方式，讓大家理解兩種思考系統，因此我想要談談與道德有關的話題，因為「雙重歷程理論」在道德哲學中也相當受到關注……話說回來，早杉有養狗嗎？

早杉：沒有，我沒有養狗。

老師：這樣啊，接下來的問題是要先跟喜歡狗的人說聲對不起的問題。

問題 8 愛犬與家人

某戶人家養的狗在自家門前被車撞死了，因爲這家人聽說「狗肉很好吃」，所以就把狗煮成料理，偷偷吃掉。

——那麼，這家人在道德上有做錯事嗎？

(1) 請用直覺回答。

(2) 如果有人認爲，「這家人的所作所爲道德上是錯的」，那請思考其理由爲何，並在熟慮後試著建立你的假設。

早杉：這什麼跟什麼啦，絕對不能做這麼過分的行為，太超過了！答案當然是「他們做錯事了」。

老師：這是早杉對（1）的直覺答案，我也認為很不可取，但問題還沒有結束，接著請大家試著對（2）進行熟慮。

慢思術 ⑥

判斷道德好壞時，參雜情緒的「直覺」會最先啟動，但請千萬別忘記，有時也需要啟動手動模式的「熟慮」。

早杉：即使如此，我腦中還是只有「狗好可憐」的想法。

文殊：請試著回想上一堂課教過的「慢思考訣竅」。

早杉：首先，別將第一個想到的答案當作最後答案，要先否定。接下來要仔細確認問題給的條件，然後再來思考或發揮你的想像力，想看看，還有沒有其他的解釋可能。

老師：（2）就是希望大家可以去想像別人的思考模式，請試著對照問題給出的條件，仔細思考可以建立怎樣的假設。

早杉：這個嘛……感覺這樣的人肯定是很冷淡、不怎麼看重感情的人，所以應該很重視原則，然後規矩一堆。

文殊：舉例來說，像是什麼樣的規則呢？

早杉：我想到的是「法律」，就算遇到家人突然生病、遭遇災害，或發生什麼緊急狀況，他也絕對不會闖紅燈。

老師：不錯喔，就是這樣，那你看到問題的條件之後，又有了什麼樣的想法呢？

早杉：說起來，我記得唸書的時候，民法課有提到，動物和人類不同，法律上視牠們為「物品」，所以寵物也被視為飼主的所有物，這讓我嚇了一大跳。

因此，所有者有權自由使用、處分其所有物，關於寵物，飼主也應該擁有這樣的權利。

老師：正因為如此，即使懷疑有人虐待動物，也無法輕易將寵物帶離飼主身邊。然後呢？

早杉：從這個問題來看，狗不只生前為飼主所有，被車撞死後，屍體的所有權也在飼主手上，所以無論飼主想怎麼做，即使是煮來讓家人一起吃掉也不會觸犯法律……原來是這樣，主張「道德上沒做錯事」的人，或許是基於「至少沒有觸犯法律，就不能主張道德上有錯」的想法才這樣說的。

老師：喔，你仔細熟慮之後，導出一個可能的假設了呢。辛苦你了，那思考到此先暫停一下。

文殊：——我想起來了，這是喬納森・海特的《社會為什麼分成左右派》[33]中出現的問題。

我記得，其他還有「家人的所作所為不會產生其他危害」等理由，狗早就已經死掉了，所以不會感到痛苦。此外，因為是「偷偷」吃掉的，所以也不會有人因為聽聞此事而感到不舒服。

早杉：啊啊，感覺也會有人提出這種理由呢。但我不喜歡，就算法律上沒有問題，總覺得對死掉的狗做了很不好的事，至少不能說有好好地珍惜牠。

老師：嗯，也有人會像你這樣想，實際上也有報告指出，這種情況被視為人類造成了危害[34]。

問題 8 的解答

A

⑴ 多數人會回答「道德上做了錯事」。

⑵ 因爲法律上沒有問題；因爲這個行爲沒有危害他人……等等。

老師：不管怎麼說，這個問題最主要的目的是想要確認碰到道德問題時，「直覺」與「熟慮」兩種模式會怎樣運作，實際上，它也同時說明了學習道德哲學的意義。

雖然這是沒有標準答案的問題，但也不該獨斷地認定「這是正確的」或「不對，絕對不能這樣做」，也不能用「每個人的價值觀不同」來表達反對立場，而是要練習如何不慌不忙地思考，「每個人判斷道德善惡的根據究竟是什麼」。

只要釐清彼此的意見哪裡不同，或許就能找到妥協的方法，若想進一步討論如何讓法律的制度面更加完善，那就更要「熟慮」不可了。

33. 原註：喬納森・海特（Jonathan Haidt），《社會為什麼分成左右派：超越對立的道德心理學》第 24－25 頁（『社会はなぜ左と右にわかれるのか——対立を超えるための道徳心理学』，高橋洋譯，紀伊國屋書店，2014）。
34. 原註：請參照 Gray, K. et al. (2014). The myth of harmless wrongs in moral cognition: Automatic dyadic completion from sin to suffering. *Journal of Experimental Psychology: General*, 143(4)；石田知子，〈混雜憤怒的道德判斷擁有先得基礎嗎〉（「怒りを伴う道徳判断は生得的基礎をもつか」，『社会と倫理』，36 号，2021）等文獻。

早杉：這果然需要訓練啊。

老師：直覺就是「寬以待人」的模式，熟慮就是「嚴以律人」的模式，也可以稱之為「自然的思考」與「不自然的思考」。

會感覺嚴苛且不自然，是因為如果不稍微勉強自己做練習，就沒辦法靈活運用。大家可以回想過去學算術時，如何學習「筆算」的過程；另外，操作機械、駕駛交通工具、演奏樂器及動作類遊戲也是相同的道理。即使剛開始感覺困難，也會在訓練過程中變得越來越習慣，所以請大家放心。順帶一提，古希臘的哲學家亞里斯多德[35]老師也曾在《修辭學》（*Rhetoric*）中有過這樣的論述[36]——

不被強迫去做的事情讓人快樂，從這層意義上來說，安穩、休養、睡眠與玩樂⋯⋯等等，皆屬快樂。另一方面，強迫違反了自然，所以伴隨著痛苦。

「必然會被束縛的事情，本來就是痛苦的。」舉例來說，精神專注、認真努力、繃緊神經⋯⋯等等，都是痛苦的。

但只要習慣了，這些事情都可以轉變成快樂。

老師：也就是說，「系統一」的直覺不必強制就能自然啟動，所以是快樂的；相反的，「系統二」的熟慮違反了自然，必須有意識地努力才能啟動，所以伴隨著痛苦。

但別擔心，如果亞里斯多德老師說得沒錯，只要反覆練習，這些痛苦終有一天會變成快樂。

35. 編註：Aristotle，西元前384－西元前322，古希臘哲學家，和柏拉圖（Plato，西元前429－西元前347）、蘇格拉底（Socrates，西元前470－西元前399）一起被譽為西方哲學的奠基者。
36. 原註：亞里斯多德，《修辭學》第113頁（『弁論術』，戶塚七郎譯，岩波書店，1992）。

順帶一提，像這樣引用偉人的話被稱為「利用權威論證」[37] 或是「反映權威的論證」，雖然這樣的論證方式還不夠完善，在此請大家見諒。那麼，我們下一堂課見。

Lesson 2 總結

■根據雙重歷程理論，人類的思考有兩種模式，分別爲系統一的「直覺」(自動模式)與系統二的「熟慮」(手動模式)。

■有些狀況無法依靠直覺處理，此時就需要切換成「熟慮」模式，舉例來說，像是預測日常生活中不常見的「物體運動」……等等。

■爲了預作準備，我們要學習在哪種情況下，不能只靠系統一的「直覺」來處理，更重要的是不斷反覆訓練，讓自己可以做到系統二的「熟慮」。

37. 原註：根據某權威或專家的意見，試圖正當化「這個人都這樣說了，所以這個主張或結論是正確的」的類型的論證。舉例來說，「我問過律師了，他說做這種事情會觸犯竊盜罪」等等的主張就能說為包含來自權威的論證，這也是我們日常生活中常做的事情。但「大學教授在電視上說了，就算戴口罩也沒辦法避免病毒感染」又如何呢？如果這位大學教授從事病毒相關研究還無所謂，但如果他是經濟學或英文學的專家，他的意見就不怎麼可靠了。來自權威的論證不見得妥當就是因為有這類的例子。關於這個論證，可以參閱倉田剛的〈補論 II 訴諸權威的論證與對人論證〉〔補論II 権威に訴える論証と対人論証〕（《論證教室【入門篇】：歡迎來到非形式邏輯》〔論証の教室【入門編】——インフォーマル・ロジックへの誘い〕，新曜社，2022）。Michaud, N. (2018). Inappropriate appeal to authority. In R. Arp, S. Barbone, and M. Bruce, eds. *Bad Arguments: 100 of the Most Important Fallacies in Western Philosophy*. Wiley-Blackwell 等文獻。

道德會隨時代變遷？

文殊：問題 8 讓我想起一件事，石光真人編著的《某明治人的紀錄》[38]中也出現過吃狗的內容。

老師：這是幕末戰爭[39]中，敗給薩長[40]的會津藩[41]武士之子柴五郎留下來的文字紀錄。會津藩士的封地被移到下北半島[42]，那裡到了冬天就沒有糧食，此時，附近鄰居養的狗掉進池塘裡淹死了，於是他們父子就將死狗要來，準備當作食物。因為他們只有這個食物能吃，只好每天加鹽巴燉煮，一開始還沒什麼感覺，但隨著日子一天天過去，就越吃越難過，最後還吐了出來。

文殊：沒錯，後來故事的發展是這樣——

> （前略）父親見我這樣，便開始痛罵：
>
> 「你忘記自己是武士之子了嗎？在戰場上如果沒有糧食，管他是貓是狗都要吃下肚，這樣才有力氣打仗。我們被賊軍追殺，只能逃到這個邊境之地，會津武士要是最後餓死了，只會被薩長那些混蛋笑掉大牙，而且這份屈辱還會流傳後世。這裡就是戰場，直到會津雪恥之前，都是戰場。」
>
> 他用與平常不同的語氣，對我大力斥責。[43]

老師：結果他被父親痛罵——這裡可是戰場，身為武士之子，就算吃貓吃狗都得活下去，繼續上陣打仗才行。

38. 原註：光石真人編著，《某明治人的紀錄：會津人柴五郎的遺書（改版）》（『ある明治人の記録——会津人柴五郎の遺書〔改版〕』，中央公論新社，1971／2017）。
39. 編註：指日本歷史上，在王政復古中成立的明治新政府擊敗江戶幕府勢力的一系列內戰。
40. 編註：即「薩長同盟」，指日本江戶時代後期為了推翻德川幕府，薩摩藩（今鹿兒島縣全境及宮崎縣西南部）與長州藩（今山口縣）締結的政治軍事同盟。
41. 編註：在幕末戰爭中，德川幕府最忠實的支持者。
42. 編註：位於日本青森縣東北部的一個半島，北臨津輕海峽。
43. 原註：同書，第74頁。順帶一提，引用中出現的「会津の国辱雪ぐ」（會津雪恥）中的「雪ぐ」唸作「Sosogu」或「Susugu」，就是「雪辱」（雪恥）的「雪」。

早杉：看完這段再來回想問題 8，就會覺得，或許因為我們生在現代社會，才會萌生「吃狗肉太過分」的想法。

老師：在進行熟慮時，要先將直覺想到的答案切分開來（即第一堂課的「脫鉤」）。我曾說過，為了思考各種可能性並建立假設，運用我們的想像力也是一種方法，對吧。

我認為，學習歷史也是培養想像力的有效方式，歷史可以幫助我們更加理解現在這個時代，雖然知道這樣的歷史事件，或許會讓人覺得殘酷，但若想培養靈活的想法，歷史的學習就顯得非常重要。

繼亞里斯多德之後，接著我要用美國哲學家 C・S・皮爾士[44] 的話來作結尾。

> 學習歷史的主要目的，是讓我們從各種既有概念的暴政中獲得解放。[45]

44. Charles Sanders Peirce，1839 － 1914，美國哲學家、邏輯學家、數學家，被尊為「實用主義之父」。
45. **原註**：Peirce, C. S. (1998). On the logic of drawing history from ancient documents especially from testimonies. In H. Houser ed., *The Essential Pierce: Selected Philosophical Writings.* Vol. 2 (1893-1913). Indiana University Press, p.118.

Lesson 3

掌握妄下結論的機制

1 慎重思考「對方是怎樣的人？」

文殊：老師在上一堂課中提到過，在思考一個人的形象時，「系統一」容易產生偏見與臆測，正好就在昨天，早杉有了一個驚險的體驗。

早杉：你是說松井先生那件事嗎？但最後沒有發生什麼糾紛啊。

老師：發生什麼事了？

文殊：福岡分公司有個人名叫松井由樹，早杉要跟他開會——

早杉：我沒有見過分公司的人，雖說是開會，卻是線上會議。

等時間一到，我登入系統，畫面上出現一個人，他給我的感覺非常紳士，但我心中想著「松井似乎還沒上線耶……」於是就發著呆，沉默了一段時間。

文殊：但那個人其實就是松井先生。

老師：畫面上有打出名字吧？

早杉：因為我一直以為對方是女性，所以完全沒有留意顯示的名稱。不是有位女演員叫松下由樹[46]嗎？所以我從松井由樹這個名字判斷對方是女性，而且在我們開會之前，也只有郵件來往而已。

文殊：直到過了一分鐘左右，他終於發現了真相，並開口向對方打招呼。

早杉：實在是太驚險了，因為是線上會議，對方似乎以為我在調整畫面跟聲音，才沒讓他發現我的失禮。但是，雖然沒有造成什麼糾紛，這或許也可算是一種「千鈞一髮的案例」。

文殊：你要當成是跟「重要的客戶開會」，好好反省才對啊，要不然很可能會丟掉客戶。

早杉：我知道了……

老師：沒事沒事，就跟上次提到的一樣，「系統一」是聯想的機器嘛，特

46. 編註：1968－，生於日本愛知縣名古屋市，日本女演員、舞者，後創立個人事務所「イエスコレクティッド」。

別像是這樣的人物形象（什麼人會是什麼感覺？），光是聽到名字，就會自動開啟各種聯想，擅自建構出一套假設。

早杉：這就跟問題 5 一樣，看到「鬼瓦權造」就以為是個很恐怖的人。

老師：沒錯沒錯，不光是名字，只要是對人的直覺都很容易出錯。在這堂課中，我會舉出幾個經常發生的典型錯誤案例，讓大家一起深入學習。

只要你能意識到自己正處在這種狀況中，思考就可以從自動模式切換成手動模式，然後利用「系統二」的熟慮作出適當的判斷，迴避錯誤。

同樣的，重點還是進行「慢思考」的刻意練習。

慢思術 7

在判斷一個人的過程中，會出現直覺完全不可靠的狀況，當你越需要作出重大的判斷時，越需要慢慢思考。

老師：接著就來仔細討論，關於人物形象的第一個問題吧。

問題 9　華子同學就讀的科系[47]

就讀大學的華子同學非常感性，對實務作業非常不感興趣。她曾長居歐洲，會說一點法語和義大利語，雖然還沒有決定未來的出路，但她會寫書法，還曾寫詩送給她的男友，當作生日禮物。

——那麼，你覺得華子同學大學念的是什麼科系？「經濟」與「美術史」，哪一個可能性比較高？

早杉：會是哪個呢？大概是念美術史吧。非常感性、歐洲、書法、詩……她給人的感覺就是念美術相關科系。

47. 原註：將 Hastie, R. and Dawes, R. M. (2010). *Rational Choice in an Uncertain World: The Psychology of Judgment and Decision Making* (2nd ed.). Sage的問題稍作改編。

文殊：但這個「給人的感覺」，就是聯想機器作用下的結果，你必須先否定一開始想到的答案或假設才行，之前我們不是一直在做這個練習嗎。

早杉：但就讓人覺得「她應該念美術史吧～」的感覺啊。

老師：總之，在作熟慮之前，我先解說一下為什麼早杉會出現這種想法。這是「代表性偏誤」發揮作用的緣故。

POINT 代表性偏誤

「代表性偏誤」是一種思考傾向，當「大腦越容易浮現某種想法時，就越容易誇大它的數量，並增加它發生的機率」。這是系統一「直覺」作用下的產物，當碰到判斷人物形象這樣的問題時，比起實際的可能性，我們會優先選擇感覺符合的印象。

所謂的「代表性」是指：與腦中的典型樣本（即「刻板印象」）的相似度。但就算這樣的印象在某種意義上具有代表性，也不表示它發生的機率較大、準確性較高，這點希望大家務必了解。

文殊：在問題 9 中，當我們閱讀華子同學的描述時，「系統一」已自行啟動，開始產生代表性偏誤，讓人以為「這應該是念讀美術史的典型人物吧」。

老師：正是如此，這就是直覺容易出錯的狀況，所以不要立刻把這個想法當作最後答案，請努力忍下來。

慢思術 8

判斷或推測人物的形象時，要多注意「代表性偏誤」。

早杉：首先要試著否定，華子就讀的或許不是美術史。

這麼一來，因為問題中只有經濟或美術史兩種選項，那答案就是經濟了吧？但是，不管我再怎麼熟慮，不斷進行確認，也還是找不到經濟為正解的決定性關鍵耶。

老師：嗯，如此一來，或許要回看一下這個「典型」的印象，也就是美術史這個答案。但其實，你可能忽略了什麼東西，那就是就讀經濟與美術史的學生人數比例。在思考這個問題時，即使不清楚嚴謹的數字也無妨，只要能推斷出大致的比例就夠了。

文殊：此時就要輪到想像力登場了，早杉，你認為大學的哪個學院或科系可以念經濟和美術史呢？

早杉：經濟應該是經濟學院、商學院，以及經營學院吧。美術史要在有文學院的美術系，另外，雖然比較罕見，但有藝術學院的學校應該也能念得到。

老師：很不錯喔，那麼你認為學生人數的比例會怎樣呢？

早杉：這個嘛……大致推測，經濟對美術史大約 30：1 吧？也有可能是 100：1。

老師：嗯，正確的數字要查資料才知道，但認為學經濟的人比學美術史的人還要多，知道這個想法就可以了。那麼，以剛剛提到的數字為基礎，再重新思考看看，你認為華子就讀經濟或美術史的可能性，哪一個比較高？

早杉：從原本的人數比來看，念經濟的人會比念美術史的人多上 30 倍，甚至可能 100 倍。如此一來，不管華子的感性多豐富、多擅長寫書法，她念經濟的可能性都更高才對，答案是不是這樣？

老師：沒錯，這樣就可以了[48]。

問題 9 的解答

經濟。

48. 原註：如果華子是女性，從女性而不是整體念經濟和美術史的人數原始比例（基本比率）來思考，可以得到更正確的推測，但我認為就算這樣也不會對答案造成影響。

老師：早杉剛才提到「原始的人數比例」相當重要，這被稱為「基本比率」或者「基本率」（兩者皆為「base rate」的翻譯）。人類似乎不太擅長考慮基本比率，因此容易產生「忽視基本比率」的現象，進而導出奇怪的想法。

POINT ｜ 忽視基本比率

希望大家將基本比率想成是大致的「原始比率」，假設抽獎機裡面放了代表中獎的紅球十顆，以及代表銘謝惠顧的白球九百九十顆，也就是10:990，那基本比率就是1:99，因此我們可以得知，轉動抽獎機之後中獎的機率為1%。

但人類偶爾會忽視這個基本比率，並用直覺去判斷準確率或可能性。此時，當我們受到種種因素影響，比如人物印象造成的「代表性偏誤」，就會產生「即使不太可能，實際上或許也會發生」這樣的錯誤。

老師：將基本比率擺在心上進行「熟慮」是系統二作用的結果，這得多訓練才能掌握，而這類問題也需要分成兩階段處理。

第一階段，先分清楚這是不是容易發生「代表性偏誤」或「忽視基本比率」的狀況。第二階段，將基本比率確實納入考慮，再來預測機率與可能性。

結合上一堂課我們用的生化人譬喻，或許可以這樣說：只要將「考慮基本比率」這個APP安裝到「系統二」裡，就能讓生化人進化升級。

慢思術 ⑨

在思考人物的形象時，請多注意「代表性偏誤」和「忽視基本比率」這兩個問題。

早杉：話說回來，代表性偏誤總是會犯錯嗎？感覺每次在思考人的事情時，都一定要進行熟慮，這很累耶。

老師：是啊，這跟上一堂課的一開始，文殊對「系統一」所指出的要點有密切關係。

說到人物形象，其實也有不少例子用直覺就能判斷，我從康納曼的《快思慢想》中試舉兩例說明[49]。

■身材高挑纖瘦的職業運動選手，打籃球的可能性高過踢足球。

■年輕男性比高齡女性更可能會暴走開車。

早杉：這兩個例子大家應該直覺上都會這麼認為，事實上也是正確的，對吧。

文殊：遇到這種狀況我認為就不是偏誤，而該稱為「捷思」（Heuristic），這是指「雖不完美，卻解決的方法單純又快速」。

只要使用這個方法，不必透過「手動模式」仔細思考，就能跟上述的例子一樣作出一定程度的判斷，只是無法保證每次都正確，根據問題種類與使用者狀態，有時也會導出錯誤的結果。

老師：沒錯沒錯，日常生活中使用「系統一」，就像是用自動模式進行「代表性捷思」[50]，基本上不太會有什麼問題。

但也經常出現「典型樣本（也就是刻板印象）本身就是錯誤的」情況，此時若使用「代表性捷思」就容易發生錯誤，並出現「代表性偏誤」。所以在作重要的判斷時，為了避免代表性偏誤的發生，要確實將基本比率等因素納入考量，絕對不可省略。

——相信有很多讀者也想知道，除了人物形象之外，代表性偏誤還有哪些例子，我再舉一個「隨機判斷」的例子給大家參考。

49. 原註：丹尼爾．康納曼《快思慢想》第268頁（『ファスト&スロー』，村井章子譯，早川書房，2014／繁中版：天下文化，2012）。
50. 原註：其他例子還有Lesson 3的3將會提到的「可得性捷思」，在容易引發錯誤的狀態中，這又被稱為「可得性偏誤」。

問題 10 連續擲硬幣

連續丟擲硬幣十次，記錄結果是正面或反面，下圖 A、B 兩種結果，你認爲哪一種可能性較高？

補充說明，正面與反面出現的機率相同。

多數人會認為，A的可能性高過B，這是因為A與擲硬幣這種隨機事件帶來的典型樣本一致，但是，這也正好落入了「代表性偏誤」的陷阱。

實際上，A和B的機率相同，每次投擲硬幣後，正面和反面出現的機率皆為1/2，上一次的結果並不會影響下一次的結果，也就是說，每次丟擲硬幣都是一次獨立事件[51]。連續丟擲十次，出現A和B的機率都是1/2的十次方，也就是1/1024。

但我們的大腦難以理解這種情況，即使出現B這樣連續十次都正面的結果，當我們要丟第十一次時，大腦就會出現「再來差不多該出現反面了吧」的想法，這就被稱為「賭徒謬誤」。

問題 10 的解答

兩者的可能性相同。

51. 原註：另舉一例作對比：如果每抽一次籤，就會讓可抽的籤數減少，如此一來，就會改變每次抽籤的機率，那麼就不算是獨立事件。

2 藏在「感覺極有可能」中的陷阱

老師：與「代表性偏誤」同時出現，造成機率思考錯誤的因素，不只有「忽視基本比率」這個原因。後續課程會再深入介紹基本比率的問題，在此我們先來看看，還有哪些情況容易引發人物形象上的錯誤認知。

問題 11 工作與興趣

和樹 34 歲，是個非常知性的人，但有點拘泥細節，也給人不太活潑的印象。他在學校擅長數學，不擅長社會與人文科目。

——那麼，以下 A、B、C 三種描述，和樹最符合哪一個？

A：系統工程師

B：喜歡玩遊戲的人

C：喜歡玩遊戲的系統工程師

早杉：如果用「感覺極有可能」來判斷會選 C，實際上，我同學裡就有不少這樣的人，上班當系統工程師，下班後一直玩遊戲。

老師：這就是早杉的刻板印象，要注意代表性偏誤喔。

早杉：謝謝老師提醒，雖然這接近我最容易浮現的典型樣本，但不代表實際的可能性也很高。所以說，C 或許並不正確。

老師：不錯喔，就是這樣。

早杉：……到此為止的思考雖然沒什麼問題，但在討論 A、B 的可能性之前，不先確認一下 C 到底正不正確嗎？這讓人感覺有點不自在。

老師：說得也是，那麼這部分請交給文殊吧。

文殊：好的，以前在研討課上也曾處理過這樣的問題。早杉，首先請你畫個文式圖[52]來表現 A、B 之間的關係吧。

早杉：文式圖就是用在表現「集合」時使用的那個圖吧，請等我一下……考慮兩者重疊的部分，畫出來應該是這種感覺——

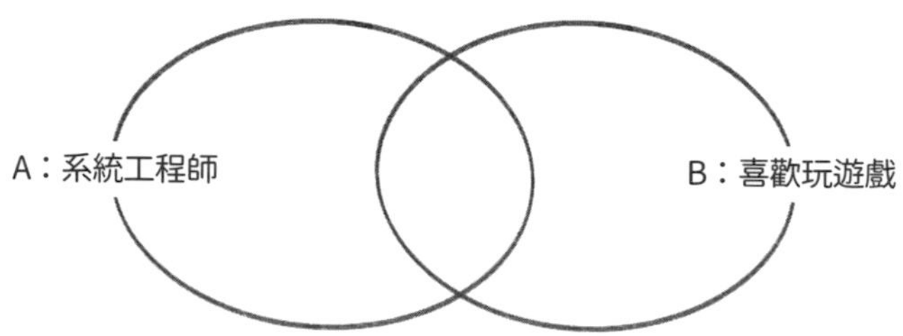

文殊：如果忽略 A、B 的大小不同，可以這樣畫。接下來，C 會位於這張圖的哪裡呢？

早杉：系統工程師且喜歡玩遊戲的人……A 和 B 的交集，就是用藍色畫出來的這個部分！

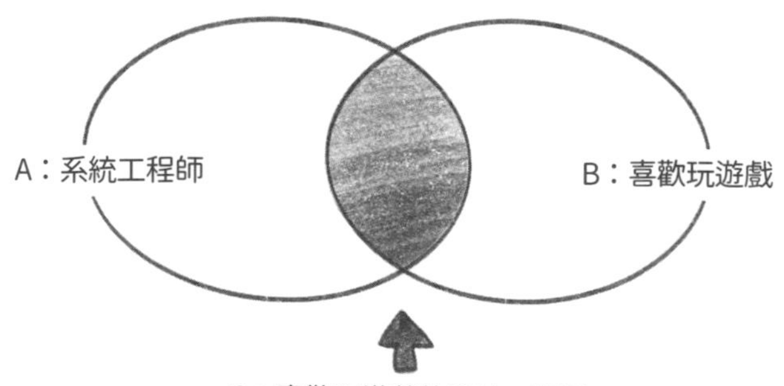

52. **編註**：Venn diagram，或譯溫氏圖、維恩圖，指集合論（或者類的理論）數學分支中，在不太嚴格的意義下用以表示集合（或類）的一種圖解。

文殊：這樣就可以了，那麼 C 的大小和其他比較起來會是……？

早杉：明顯小很多，C 只是 A 或 B 的一部分，雖說是理所當然，但畫成文式圖之後就更一目了然了呢。

啊，這樣一來我就明白 C 不是正確答案的理由了，和樹為「大集合」一員的可能性比「小集合」一員的可能性還高，因為 C 的條件更嚴格，所以比 A 或 B 的可能性低上許多[53]。

老師：喔，你立刻就完全理解了呢。文殊，謝謝你仔細地引導他。那麼，C 非正確答案的說明就到這邊，接下來說明，為什麼一開始會認為 C「感覺極有可能」，這就要提到「合取謬誤」（Conjunction fallacy）這個現象才行。

POINT　合取謬誤

兩個條件A和B同時發生時（就會變成C），與A和B單一條件獨立發生時相比，認為C比A或B單獨發生的可能性更高的認知偏誤，就被稱為「合取謬誤」。這邊產生的錯誤就是，C頂多只是A及B的一部分，確實發生的機率與A或B單獨出現相比必然小很多，但我們卻忽略了這一點。

這件事可以用以下的例子來驗證。假設A的機率為40%，B的機率為70%，那麼C的機率就是雙方相乘的0.4×0.7＝0.28，也就是只有28%，由此可知，比A或B還要小。

順帶一提，「合取」[54]就是邏輯學上面「且」的意思，也就是說，C是「A且B」（既是A同時也是B），所以才會有這個名稱。此外，「或」又稱為「選言」[55]。

文殊：在問題 11 中，「合取謬誤」和「代表性偏誤」相結合了。關於和

53. 原註：如果不擅長畫文式圖，推測實際的人數來思考也是個方法。假設系統工程師（A）在日本國內約有一百萬人，其中喜歡玩遊戲的人（C）有三十萬人的話，就可以知道符合C的人數比符合A的人數還要更少了。
54. 編註：一個二元邏輯運算符，用符號「∧」（讀作「並且」），表示：若其兩個變量的真值都為「真」，結果即為「真」，否則結果即為「假」。
55. 編註：使用語句連接詞「或」所形成的複句，稱作選言句。

樹的印象因為與 C 的「喜歡玩遊戲的系統工程師」相近，結果讓不過只是 A 且 B 的 C 的看法也跟著「變大」。

老師：這就是用「自動模式」思考後的結果，但只要切換成「手動模式」，就可以明白 C 的可能性比 A 或 B 還低。文式圖看似單純，但把它當作思考的工具並輸入大腦，就能派上很大的用場喔[56]。

慢思術 10

思考人物時要注意「合取謬誤」，並利用「文式圖」判斷機率、整理可能性。

早杉：問題 11 是要問，最符合和樹的選項是哪一個，對吧。C 不是正確答案，那 A 和 B 哪個才是正確答案呢？

老師：給個提示，請回想一下問題 9「華子同學就讀的科系」。那題也是在經濟與美術史中二選一，你還記得當時是如何熟慮的嗎？

早杉：…………

文殊：基本比率！也就是從原始的比率來思考。你不要不說話，趕快回想一下當時如何用大致的比率，來推測就讀經濟與美術史的學生人數。

老師：回到這題，不必掌握明確的數字，只要知道哪邊的人數較多就夠了，請充分發揮想像力，仔細思考看看。

早杉：好的，要把系統工程師和喜歡遊戲的人作比較對吧，系統工程師是一種職業，和喜歡玩遊戲的人是兩個完全不同的類型。

56. 原註：考慮必要條件與充分條件時也可以使用文式圖，舉例來說，「如果是A（練馬區民）就是B（東京都民）」這個條件下，代表「A（練馬區民）必要（必要條件）是B（東京都民）」或者「如果是A（練馬區民）就滿足（充分條件）B（東京都民）」的意思，以文式圖表現如下。

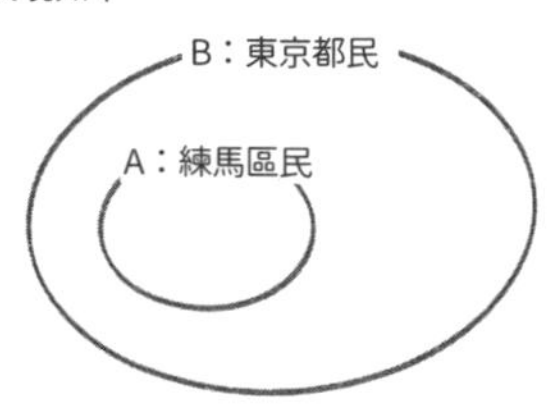

並非特定職業的人士才喜歡玩遊戲，像我這樣跑業務的上班族，或是公務員，甚至是農夫，都可能愛玩遊戲。對了，不一定還有在工作，也不見得是中、小學生或高中生，最近也聽過有人退休後就開始玩起遊戲了。

老師：沒錯沒錯，那麼你找到最合理的假設了嗎？

早杉：比起限定系統工程師這項職業的「A」，單純喜歡玩遊戲的「B」人數絕對壓倒性地多，答案是「B」！

問題 11 的解答

B：喜歡玩遊戲的人。

文殊：這個問題也是參考康納曼的研究來出題的，對吧。

老師：你記得可真清楚，關於「合取謬誤」的研究，最有名的就是「琳達問題」，多學一點也沒有壞處，我就來向大家介紹吧。

問題 12 | 琳達問題[57]

琳達是一位 31 歲的單身女性，外向且相當聰穎，大學就讀哲學系。她在學生時代就相當關注歧視與社會正義的議題，另外也曾參加過反核運動。

——那麼下列描述中，你認爲哪一個可能性較高？

A：琳達是銀行員工。

B：琳達是銀行員工，同時也是女性運動的活躍分子。

「琳達問題」被應用在1980年代進行的實驗中，這個問題反映出時代性與美國的地域性，對我們這樣的現代日本人來說，讀起來可能沒有太大感受。

57. 原註：前述的康納曼著作，第十五章即為「琳達問題」的相關內容。

但根據康納曼的《快思慢想》，當時的實驗者在看完這樣的人物描述之後，就有人產生了「琳達絕對是加州大學柏克萊分校的學生」的想法[58]。

實驗結果顯示，回答「感覺B的可能性較高」的人最多。如下頁圖示，A和結合A與「女性運動的活躍分子」的B相比，當然是A的可能性較高。

但在這樣考慮機率後知道A是正確答案的人，仍然很難消除「琳達不可能只是個單純的銀行員工」這樣的直覺印象。

問題的解答

A。

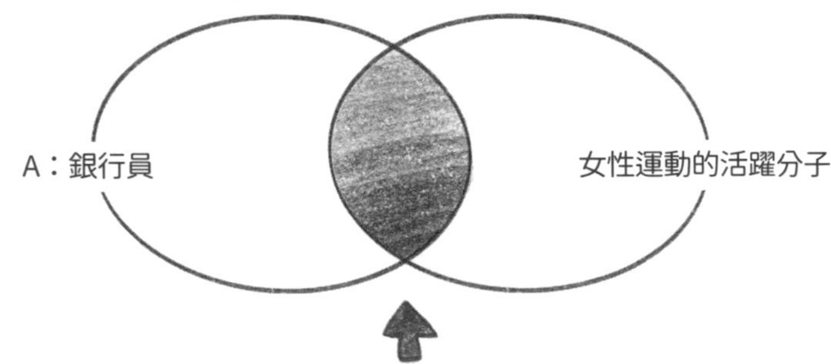

「合取謬誤」與「代表性偏誤」這對組合，在判斷人物形象以外的情況也時不時會出現，比方說「風險認知」就是一例。史蒂芬・平克在《暴力的人類史》中曾提到[59]，人類容易認為「伊朗發動核武攻擊的機率」大過單純的「核武攻擊機率」，這樣的結果就反映出美國社會的認知狀態。

那麼，這個例子若換成日本就會變成：請比較「受到北韓導彈攻擊的機率」與單純「受到導彈攻擊的機率」。讀者也可以試著思考看看，努力作出各種想像。

58. 原註：加州大學柏克萊分校的校風自由相當知名，也很盛行公民權運動，大概是從此校學生在1960年代後半的美國常率先舉辦學生運動而有此推測。
59. 原註：史蒂芬・平克（Steven Pinker），《暴力的人類史》上冊，第639－640頁（『暴力の人類史』，幾島辛子、鹽原通緒譯，青土社，2015）。

3

容易回憶起的事情存在陷阱

老師：在思考人物形象時，除了要特別注意「代表性偏誤」之外，也要注意「可得性偏誤」，剛剛說到「風險認知」時曾經提到，那麼我們先來說說，與風險有關的「可得性偏誤」案例吧。

一般來說，與「風險」相關的情況容易出現思考謬誤，所以需要利用「系統二」來進行熟慮，就像以下這個例子[60]。

2001 年 9 月 11 日，美國同時發生多起恐怖攻擊事件，四架飛機遭到劫機，一架衝向五角大廈，兩架衝向世界貿易中心大樓（剩下的一架墜落在荒野中），造成許多人罹難，世界貿易中心大樓倒塌的畫面也相當震撼。

這個事件改變了許多美國人的行動，其中一項就是出差時要搭乘什麼交通工具。事件發生後，放棄以往使用的飛機，改成自己開車出差的人增加了。同時發生的多起飛機恐攻事件，讓人留下了恐怖又鮮明的記憶，所以會有這樣的反應也可說是理所當然。

但在美國，車禍死亡的風險大約是飛航事故的 22 倍之高，根據統計，在恐攻發生後的一年內，為了迴避飛航死亡風險的美國人，當中約有 1500 人死於車禍。[61]

早杉：在劫機或飛機恐攻發生之後，就讓人不想搭飛機了，但實際上開車的風險更高，或許真的是這樣沒錯，但該怎麼說呢……感覺很難意識到這件事，至少我不可能會發現。

60. 原註：除了可得性偏誤以外，也得注意「錯誤二分法」，意指雖然明白「風險有程度之別」，依舊採用「全有」或「全無」的方式作判斷，這在 Lesson 10 會更詳細說明。
61. 原 註：以 Gigerenzer, G. (2006). Out of the frying pan into the fire: Behavioral reactions to terrorist attacks. *Risk Analysis*,26 為基礎。

老師：沒錯，這裡就存在「可得性偏誤」，「可得性」原文是「Availability」，專有名詞可能感覺有點硬，用口語一點的方式，或可翻成「容易得手」、「可輕易獲得」或「已經擁有」等等。

POINT 可得性偏誤

「可得性偏誤」指的是，相較於不容易回想起來的記憶，容易從記憶中挖掘出來的東西（即可得性較高的記憶），會讓人以為實際發生的機率更高、次數更多的一種思考傾向。

我們都傾向去討論容易得手的東西，就算存在其他資訊，即便了解比重毫不對等，也會把重心擺在原本就擁有的東西上面。但是，「馬上得手的東西，不能保證它就是絕對的真理」，這是我們必須留意的關鍵。

文殊：這就像我們用網路查資料，結果只看搜索出來的第一項資料是相同的道理。雖然是第一項出現的資料，但若一味盲信，可能就會出錯。

老師：嗯，這個比喻非常貼切。一般而言這也是一種「捷思」，也就是說：雖不完善，卻單純迅速，可以派上用場。因為搜尋出來的第一個結果，通常都是可以信賴的內容，而人類能回想起來的也多是沒有問題的記憶，所以在日常生活中，「可得性捷思」是能派上用場的。大家可以試著思考一下，當有人問你「德國的首都在哪裡？」時，你會作何反應？

早杉：但是，回到剛剛恐攻和飛機的話題，這裡就產生了偏誤，對吧。

老師：這是因為，當發生令人震驚的事件時，與之相關的事物，其「可得性」會暫時提高。在多起恐攻事件同時發生後，短時間內，與飛機相關的恐攻及劫機等記憶，很容易就會被喚醒。

文殊：特別是受到社會關注的大事件會被媒體反覆提及，就算想忘也忘不掉，因為會不斷出現。

老師：嗯，日本於 2022 年翻譯出版的、認知科學家平克的著作《人類到底有多合理》中提到，「新聞媒體是創造『可得性』的機器」[62]，這不僅是針對人類引發的事件，也可以套用在自然災害上。

早杉：那其他還有什麼情況，需要特別注意「可得性偏誤」呢？

老師：其他的話，如果和媒體沒有直接相關，就是「關於自己的事情」以及「自己曾經經驗過的事情」，這些對本人來說可得性較高，所以也容易發生偏誤。

那麼從這邊開始，我們差不多該把話題轉向，「可得性偏誤」對人物形象的判斷會造成怎樣的影響。

問題 13　對共同專案的貢獻度

一個五人團隊正在執行一個共同專案，專案進行了半年左右，慢慢獲得了一些成果，此時讓成員們以百分比的方式，回答這半年來自己對整體的貢獻，並作爲一種期中的考核。

此時，若將每個成員回答的貢獻度加總起來，你認爲哪個答案的可能性最高？爲什麼？

A：剛好 100%

B：高於 100%

此外，每個成員對於自我貢獻的評價，既不誇張也不謙虛，都很老實地作了回答[63]。

早杉：這和之前的出題模式不太一樣呢。

老師：因為我已針對「可得性偏誤」作了說明，這個問題就是要大家試著

62. 原註：史蒂芬．平克（Steven Pinker），《人能有多合理（上）》第 205 頁（『人はどこまで合理的か』，橘明美譯，草思社，2022）。

63. 原註：之所以要特別註記，是因為日本人有謙虛謊報自我貢獻的傾向，因此必須避免此事的發生。只要大家能夠誠實回答，就算是在日本，即便價這樣的問題，也能得出真實的觀察結果。

進行熟慮，「可得性偏誤」在這種情況下會出現何種影響。

文殊：單純地想，成員貢獻度總合「剛好 100%」的 A，感覺會是正確答案。但如果有人高估了自己，認為自己比實際狀況貢獻了更多，結果就會變成 B。

早杉：也許別人都說自己 20%，只有一個人說自己 50%。但是，過度充滿自信、喜歡誇大自己、堅持不讓步，這樣的人其實還挺多的。如果團隊共有五個人，感覺至少會有一個會是這種類型，所以我的答案是 B，「高於 100%」！

老師：原來如此，你有考慮基本比率，這點相當不錯。實際上，正確答案的確是 B。雖然我很想誇獎你，但你最後把問題歸結到成員的個性，這也顯現出了你的思考極限。與其先入為主地用「因為誰誰誰是這種個性」來說明，難道無法單純用「可得性偏誤」來思考這個問題嗎？

文殊：可得性偏誤，也就是可以簡單喚醒的記憶，對吧。問起自己在共同專案中作出多大比例的貢獻，此時若想喚醒自己的記憶……

老師：我再多給一個提示，若先去回想其他成員的貢獻度，再跟自己相比，結果又會如何？

早杉：啊啊，我知道了，自己做的工作因為是親身體驗，所以可以馬上回想起來，但別人的工作就沒辦法立刻想起來，所以，可得性較高的就是「自己作出的貢獻」，也就在這裡出現了偏誤，讓人以為自己的貢獻比實際還要大！

問題 13 的解答

B。

老師：是的，如此一來，所有成員的答案相加後就會超過 100%。不僅是自己的貢獻度，也連帶影響到自己對他人的評價，這就是「可得性偏誤」的恐怖之處。原本只是無法輕易回想起他人的事情而已，結果卻導致我們低估了別人貢獻。

慢思術 11

評價他人的工作表現時，要注意「可得性偏誤」，越容易回想起來的事情，會讓人感覺貢獻度越高。

老師：情侶同居可以說是共同專案，所以三不五時會發生「可得性偏誤」帶來的危機。

「我又買東西又掃地又洗衣服的，做了這麼多事情，對方卻什麼事都不做！」就像這樣，不滿會逐漸累積。

文殊：據說只要讓彼此知道，「各自認為的貢獻度相加後超過了100%」，過度高估自己貢獻的傾向，就會有所改善。

早杉：這樣一說，讓人感覺有了一點希望。

老師：與人有關的事物總是不會那麼單純，那麼今天這堂課，就在看見希望曙光的此刻畫下句點吧。

Lesson 3 總結

- **對人作判斷時，要注意「代表性偏誤」與「可得性偏誤」。**
- **請注意：「代表性偏誤」雖然是腦中容易出現的典型印象，但不代表對方符合這個印象的可能性較高，同時也要知道，「代表性偏誤」會和「忽視基本比率」或「合取謬誤」同步出現。**
- **「可得性偏誤」是一種思考謬誤，對於容易喚醒記憶的事物，人類會高估其發生的比率或可能性，這種傾向特別容易出現在「風險認知」或「評價共同專案成員貢獻度」的時候。**

只要對直覺動手腳，就可以減少隨地亂丟垃圾

文殊：在第二堂課中提過，關於道德也會有自動與手動兩種模式……

早杉：對啊對啊，我在和文殊前輩回家的途中想起來了，我小時候曾經看過新聞介紹，防止隨手丟垃圾的方法之一，就是設置「禁止亂丟垃圾」的看板對吧，聽說把看板換成小鳥居之後的效果絕佳耶。

文殊：這個方法從 2000 年代初期就在各地推廣，這與鍛鍊「系統二」熟慮的啟動方式相反，反而是直接對「系統一」動手腳呢。

老師：是啊，看到鳥居就會感覺「丟垃圾會不會有報應」，讓人怕得不敢亂丟，直接影響了我們的直覺。相對於此，寫著「禁止亂丟垃圾」或「將依法開罰」的看板則是要人熟慮，想說服人不要亂丟垃圾。

早杉：但這樣就變成了手動模式，會需要一段時間，才能讓人獲得「不可以這樣做」的認知，可能難見成效。但我覺得，若想要讓人立刻改變行動，影響人類的自動模式或許會是更好的辦法。

文殊：看到鳥居或許會想「可能有神明正在看著」，自動產生了「鳥居上存在著某種心靈狀態，它正目不轉睛監視自己的行動」的想像[64]。

老師：謝謝你所舉的事例，想到要設置鳥居的人，應該沒有特別想到「雙重歷程理論」，但確實是相當有趣的例子呢。

64. 原註：可用 Lesson 5的4中將提到的「直覺心理學」作用來理解。

Lesson 4

「語言」要慢慢思考

1
語言，簡單又強而有力的思考工具

早杉： 上一堂課提到要注意「代表性偏誤」與「可得性偏誤」，這是指：不要將一開始的直覺反應當成最後答案；另外就是，要知道什麼狀況容易發生謬誤對我們極為有用，對吧。

老師： 沒錯沒錯，正如同我一開始提到的，這會成為我們掌握慢慢思考要訣的出發點。

早杉： 進入熟慮階段之後，就要好好考慮「基本比率」，或是試著使用「文式圖」等步驟。

老師： 就是這樣，請讓我再嘮叨一下，這麼做有兩個作用。

① 迴避思考謬誤

明白容易出現思考謬誤的狀況與場合，並加以注意。

② 產出更好的思考

可以順利推進思考，找出更適當的點子或穩妥的假設（構想）。

早杉： 從前幾堂課的內容來看，真正的重點是①，不過也有稍微提到一點②。

老師： 讓我換個說法，①可以稱作「把負數歸零」，②是「把零變成正數」。所以從順序上來說，①會是啟動的第一步。

文殊： 早杉很喜歡②的「將思考工具安裝進『系統二』後成為生化人」的說法呢。

老師： 原來如此，後面還會介紹各種「系統一」容易出錯的狀況，同時也會穿插一些聚焦熟慮的練習。

早杉：拜託老師了，我是生化人～

老師：好！那這堂課我們就先把重點放在「語言」上吧。

但與其說是變成生化人，其實更接近強化已經變成生化人的部分，依照安迪．克拉克的看法，我們變成生化人的大腦中，已經安裝了各種思考工具，其中「語言」功能的重要性，更是超越了其他的思考工具。這是因為，只要用語言來表現自己的思考如何進行，就能專注、仔細、謹慎地帶入批判性討論。

早杉：老師是說，將語言作為思考的工具嗎？一般而言，語言就一種與他人溝通的工具，對吧。

文殊：確認思考的內容時，也會像這樣去質問自己，對吧。語言可以作為自我溝通的工具，也能對自己的想法進行批判與討論。

■這個假設的前提是什麼？

■這個前提可以接受嗎？

■結論的推導過程會不會太過跳躍？

■從整體來看，主張是否矛盾？

■用詞是否含糊不清？

等等

老師：沒錯沒錯，也就是說多虧有了語言，我們才能去思考「思考」究竟是怎麼一回事，並完成所謂的「後設認知」[65]。這樣一來，我們就能檢討自己的想法是否有不好的地方，並進一步修正，以提升思考的品質。這個過程，克拉克或許會稱之為：大幅改變人類思考樣貌的一種原動力。

65. 編註：Metacognition，或譯「元認知」，即「認知的認知」或「知識的知識」，也就是對自己的認知過程（記憶、感知、計算、聯想……等等）的思考。

STEP UP　語言和身爲生化人的人類

安迪・克拉克在他的生化人理論中，針對「語言」有過這樣的敘述：

「語言是和人類大腦共同進化的人工物質，就像剪刀或椅子的設計會去貼合人體結構，變得更容易使用。語言也同樣會逐漸改變，讓人更容易學習、更方便應用。與此同時，人類的大腦也會隨之進化，提升語言學習與靈活運用的能力。

多虧兩者的共同進化，人類和語言就成了無比親密的共同體，跟其他動物相比，可說是全然不同的獨特存在。

就這層意義來說，人類自從擁有了語言之後，就一直都是『生化人』。」

關於語言帶來的優勢，克拉克又接著說道：

「獲得說話與書寫的能力，並進一步化成自己的血肉，當我們習慣將它作為批判的工具時，人類就邁入了生化人模式的第一階段：能夠發現新型態的認知工具，並懂得怎麼活用……（中略）我們也因此超越了動物原有形態的極限。」[66]

老師：所以說，語言因為離我們太近、也太過平常，才讓人忽視了它為人類帶來的許多優勢。但是對人類來說，語言這種思考工具因為太過自然也有弊病存在，那就是：會在無意識中不自覺地使用。

因此，這堂課的宗旨就是要告訴我們：除了訓練自己專注在語言本身之外，也要刻意練習讓自己如何慢慢使用。

66. 原註：安迪・克拉克，《天生的生化人：心、科技、智能的未來》第127頁（『生まれながらのサイボーグ――心・テクノロジー・知能の未来』，呉羽真他譯，春秋社，2015）。

早杉：這感覺跟運動姿勢的塑造有點類似，雖然能在無意識中作出反應也相當重要，但若放任無意識不管，就會慢慢出現壞習慣，所以偶爾也要刻意練習，有意識地矯正自己的姿勢。

老師：就是這麼一回事，這堂課會有不少練習題，但請大家理解，這些練習都是為了重新訓練「語言」的使用方法，並矯正我們的壞習慣。

2
將含糊不清的語言說清楚

老師：那我們先從簡單的問題開始吧。
——首先拿日常生活常出現的情況來出題。

問題 14 嬸嬸是姊姊？[67]

請指出以下思考帶有何種混亂？

久美子嬸嬸是叔叔的老婆，所以我認爲應該要叫她「久美子嬸嬸」，但媽媽要我叫她「久美子姊姊」。
久美子嬸嬸是我的姊姊，所以說，她是媽媽的小孩？私生子？！

早杉：這題太簡單——就算是嬸嬸也別叫「嬸嬸」，因為叫「姊姊」比較好的意思。

老師：大致是這樣沒錯，但題目指示「請指出混亂」，明確用語言描述文章中的哪邊是怎麼混亂，這個行為本身就是熟慮的練習。

文殊：「混亂」是指，明明該加以區分，卻沒有區分的狀況，對吧。

老師：這就是重點。「嬸嬸」和「姊姊」都是有很多意思的詞彙，如果用法含糊不清，就容易會錯意，並讓人感覺混亂。此時只要區分清楚，就能明確看出到底產生了怎樣的混亂。

67. 原註：將伊勢田哲治《哲學思考訓練》第97頁（『哲学思考トレーディング』，筑摩書房，2005）的例子稍作改編。

慢思術 12

含糊不清地使用具有多重意義的詞彙容易造成混亂，如何將意思區分清楚，就變得格外重要。

Lesson 4

早杉：那我來試試看，首先「嬸嬸」和「姊姊」會用來代表自己的親戚或家人，但稱呼女性的時候，該怎麼說呢……有時會用粗略的年齡來決定如何稱呼對方，像為了表示客氣，有時會特別稱呼對方「姊姊」。

老師：就是這種感覺，但從年齡來區分稱謂，這種方式將來可能會消失便是。

文殊：為了區分意義上的不同，我用自己的方式作了這樣的分類，把答案寫出來就變成這樣。

問題 14 的解答

A 因爲沒有區別出「家人」和「年齡、稱謂」上的差異，含糊不清地使用「嬸嬸」和「姊姊」這樣的詞彙，因此造成了意思的混亂。

老師：謝謝你，這樣就可以了。

一開始的「久美子嬸嬸」，這裡的「嬸嬸」有家人的意思存在，下一個「久美子姊姊」，這裡的「姊姊」則是為了表示年齡的稱呼，但最後卻被當作家人的意思使用。

也可以像這樣更詳盡地描述。

早杉：提出這個疑問的人大概是小孩子才會覺得混亂，長大之後就不會搞錯了，到時就能理解其中的差異了。

老師：是啊，長大之後就會知道該如何區分，但這也因為這是日常使用的詞彙。比較麻煩的是那些日常生活上會使用，但作為專有名詞，意義卻完全不同的詞彙，接著就舉幾個例子來討論。

文殊：例如……「逮捕」？

早杉：嫌犯被警察抓住，準備上手銬的意思，對吧？。

老師：嗯，這是其中一個意思沒錯，但就算不是警察，例如，文殊其實也可以逮捕早杉。

文殊：如果我做出這種事，我就會變成罪犯，然後被警察逮捕。這是刑法第 220 條「逮捕、監禁」中的「逮捕罪」，屬於犯罪行為，也就是把人綁起來、強制剝奪他人自由的意思。

早杉：原來「逮捕」也指犯罪行為啊！這也太容易讓人搞混了吧。

老師：現在所舉的例子是法律用語，其他還有來自科學的詞彙，例如，「進化」在日常生活中幾乎等同「進步」之意，但作為生物學的專有名詞，「進化」指的是「生物特徵伴隨世代交替出現的變化」，所以並沒有「進步」這種表示正向發展的意思。

早杉：原來如此，如果彼此解讀的方向不同，就會雞同鴨講，所以只要覺得「有點奇怪？」就要向對方確認！除了專有名詞帶有其他含意之外，還有什麼例子或詞彙需要多加注意呢？

老師：嗯，具有程度之差的詞彙也是，例如「風險」、「危險」、「安全」等等，這部分會在 Lesson 10 中提到。

那麼差不多該繼續練習了，我們再多練幾題，因為使用含糊不清的詞彙，而在日常生活中引起的混亂吧。這個例子出自川添愛的《平常使用的語言學》[68]，這是一本為一般讀者而寫的有趣作品——

問題 15 ｜ 和旅行及住宿有關的對話

朋友 A 和 B 在咖啡廳聊天，A 正在對 B 說他最近去國外旅行時發生的事。

68. 原註：川添愛，《平時使用的語言學：鍛鍊「語言基礎能力」的線索》第 17 － 18 頁（『ふだん使いの言語学——「ことばの基礎力」を鍛えるヒント』，新潮社，2021）。

A：「然後啊，我抵達峇里島之後，眞是的，好飯店滿滿～」
B：「是喔，觀光客多的地方果然是這樣。」
A：「對啊，眞的超級傷腦筋～」
B：「嗯，我懂，選擇太多反而很傷腦筋～」
A：「咦？選擇太多是什麼意思？」
B：「咦？我誤會什麼了嗎？」
A：「嗯，我的意思是，根本沒有飯店可以選啊。」
B：「？？？」

請指出這段對話的混亂之處。

早杉：這也是因為用詞不清造成混亂的例子。

老師：沒錯沒錯，只要看出哪個詞彙包含多重意義就可以了，接下來就跟文殊剛剛一樣，作出分類，區分意思的差異即可。

早杉：雞同鴨講的原因就在 A 說的第一句話裡。
——「好飯店滿滿」的「滿」太不清楚了。

老師：不錯喔，然後呢？

早杉：A 想表達「飯店全被旅客住滿了」，所以才會說「沒得選」；但 B 以為「好飯店一堆，每間都想住住看」，所以才會覺得「選擇太多很傷腦筋」。

文殊：若用「占據、充滿」和「多數」來作分類，結果又會如何？

老師：嗯，文殊很喜歡思考這樣的問題呢。

問題 15 的解答

A　A所說的「好飯店滿滿」的「滿」是占據、充滿的意思，而B解釋成多數的意思，所以才會讓對話產生混亂。

老師：總之，大家能夠了解使用含糊的詞彙，會多麼容易使人誤解了嗎？

早杉：我也常常發生一直聆聽對方說話，最後才發現原來誤會成不同的意思，對方是朋友時也就算了，若是工作場合碰到這種情形可就危險了呢。

老師：不對，即使是朋友也要多注意比較好喔，舉例來說，以下這個問題如何？這也是出自於川添的同一本書[69]。

問題 16 決定勝負關鍵的是？

這是一段社群軟體中的對話，兩人因爲這段對話產生糾紛，原因到底是什麼呢？

> 我今天不太能動眞的很抱歉。
> 雖然輸了，下次大家再一起加油吧。

> 你在說什麼啊？今天不是因爲你才輸的。

早杉：這大概是什麼運動競賽吧，雖然輸了，但隊友互相鼓勵的美好畫面——真是青春熱血，賺人熱淚啊。

老師：不……結果引發了爭執喔，也就是說，這段發言沒有變成你所想像的那樣。

早杉：但他不是說「會輸不是因為你」嗎？為什麼會爭執呢？

文殊：你再把問題看仔細，這是「社交軟體中的對話」，雖是對話，但只有文字。

69. 原註：同前註書籍，參考川添愛《平時使用的語言學》第20頁的範例。

老師：沒錯沒錯，關鍵就在這裡，其實「不是因為你才輸的」至少有兩種解釋。文字對話其實很難將語意完整表達出來，問題就出在「彼此的解讀不同」，如果是面對面說話，就不會出現這種狀況。

早杉：解讀不同……？若唸出聲音是不是就能理解了？

文殊：對，越大聲越好！

早杉：不是因為你才輸的！……啊！

老師：好，你似乎明白了。

問題 16 的解答

對話中， 第二個人說的「不是因爲你才輸的」具有「否定意思」，想表達「不是因爲你才輸了這場比賽」，希望第一個人不必道歉。

但第一個人卻以爲是「事實確認」，理解成「不就是因爲你才輸了這場比賽」、「輸了比賽的原因就在你身上」，最後因爲彼此解讀的不同，引發了爭執。

早杉：如果當成「事實確認」，就讓人感覺是在問你，怎麼好意思說「下次大家再一起加油吧」，「你在說什麼啊？」也會變成完全相反的意思，好恐怖喔。如果跟對方面對面，根據對話的走向、表情與聲調，就能立刻知道是哪種意思了耶。

老師：也就是說，只要掌握「文章脈絡」，就能靠直覺知道對方的意思。「語言」對文章脈絡如何產生影響屬於「語用學」的研究領域，即使用詞含糊不清，只要明白文章脈絡就能正確理解其意，仔細想想還真是不可思議呢！而「語用學」的存在就是為了解開這個不可思議[70]。以上述這個問題為例，文字對話雖然因為缺乏文章脈絡而產生歧異，但從另一個角度來看，這也正好表現出我們平常是如何依靠「系統一」與文章脈絡的力量，來完成與人的溝通。

70. 原註：有興趣的讀者，可參考時本真吾的著作《含糊不清的對話為何得以成立》(『あいまいな会話はなぜ成立するのか』，岩波書店，2020)。

文殊：我曾聽過一句小學的標語：「積極去做他人不喜之事！」因為是用文字書寫，結果有人就誤解成完全不同的意思。

老師：喔喔，這句話感覺會引發非常多問題呢，因為「他人不喜之事」可以有很多種解釋啊，這個例子我們留到這堂課的最後再來討論。

看穿奇怪的主張

老師：在此來個變化球，這也是連結這堂課後半主題的銜接問題。

問題 17 結婚超棒啊！

讀完以下文章，回答(1)、(2)兩個問題。

結婚很棒喔，你也快點結婚啦。

哎呀～已經有太多人對我說結婚有多好，聽到耳朵都要長繭了，也讓我產生了反抗心理，直到我真的結了婚，都還是不明白到底有哪裡好。

所以說，可能要再結婚三次才會明白吧。

(1)請明確陳述你這個主張感到奇怪的地方。

(2)這個主張也可能並不奇怪，這又是怎麼一回事？請嘗試建立假設。

早杉：感覺一開始是在說一件好事，繞來繞去，最後還是想表達結婚真好……啊啊，我還是先忍住，再仔細讀讀問題再說。

老師：你已漸漸養成慢慢思考的習慣了。

文殊：這樣讀下來，會覺得最後一句怪怪的，因為這句話似乎會讓整件事無法成立——

早杉：是這一句嗎，「要再結婚三次」。

老師：沒錯，就是這句。所以說，如果他想如願多結幾次婚，該怎麼辦？

早杉：那就會變成不斷離婚，然後又不斷結婚。

老師：嗯，因為明白結婚的好，所以即使離婚，但能擁有多次結婚經驗，也會覺得開心。

早杉：不對，結婚之所以很棒不是因為這件事，而是因為相互體貼、能分享快樂、想與對方永遠生活在一起……等種種原因。

——總之，絕對不是次數越多越好，最重要的是愛，愛最重要。感覺這個人對目前的婚姻生活，最終還是有所不滿吧？

老師：喔，你怎麼突然變得這麼激動！嗯，關於（1）就是這麼一回事，但能否語言明確表達就是解題的關鍵。

A

問題 17（1）的解答

問題中點出了「結婚很棒」的主張，但這必須與結婚對象維持長期的關係，或建立在共同生活的基礎上才能成立。

但在文章的最後，說話者又表達了想要多結幾次婚的願望，但要多次結婚也可代表會多次離婚，這與上述的主張前後矛盾，由此可知，這個主張欠缺整體的一貫性。

早杉：所謂「欠缺一貫性」就是前後不一致，但要透過文章來表現，就得耗費一番心力不可。

老師：是啊，這是刻意使用生硬的表現，因為文章裡有想要特別強調的重點，當然也有更柔軟的表現方式，但希望大家能多下點功夫，這也是慢思考訓練的一環。

例如，「『結婚很棒』不代表就要重複結婚好幾次」，可以試著用這樣的方式，來描述讓人感覺奇怪的地方。

文殊：接下來，（2）就是跟詞意有關的問題了。

早杉：……這個問題我有點看不懂，（1）已經指出了奇怪之處，但這邊為什麼又急轉直下，突然變成「也可能並不奇怪」？

老師：沒錯，這裡作了反轉，進而否定了（1）的答案。如果這個主張並不奇怪，那又代表什麼意思？現在就要用想像力來尋找可能的解釋了。

文殊：這邊的「結婚」究竟是什麼意思——請試著想出一個合理的假設。

早杉：「結婚」的意義？剛剛講的是「結婚真棒」的意義，這次換成「結婚」這件事本身的意義？

老師：雖然現在都統一稱作「結婚」，但婚姻其實存在各種不同的類型，因為早杉剛才已熱切闡述了一種甜蜜的（？）婚姻生活想像，對你來說可能會有點困難，我想還是交給文殊吧。

文殊：好的，我有一個合理的假想，那就是「一夫多妻制的文化」或「接受一夫多妻制的時代」，例如，伊斯蘭文化可以娶四個妻子，美國的摩門教在某個時期也是採行一夫多妻制，還有古埃及的法老王和印加帝國的國王，他們的配偶甚至還曾超過數千人。

老師：謝謝你，如果讀過人類學就會明白，婚姻其實存在各種不同的形態，約瑟夫．亨里奇在《文化使人類進化》[71]這本書中就介紹過，印尼的亞齊族[72]平均結婚次數為十三次，其中也包含重婚。多數的重婚都存在一夫多妻，或一妻多夫的文化，例如依序和三姊妹結婚，或也有過前後嫁給一對父子，或娶了一對母女這類的例子。若是在這種情況下，即便說出「想要再結婚三次」非但一點都不奇怪，也不見得需要離婚。

早杉：唔唔，真是令人震驚的想法。

老師：還有其他答案的存在，希望大家可以再試著多想想看。

71. 原註：約瑟夫．亨里奇（Joseph Henrich），《文化使人類進化：人類的繁榮與〈文化—基因革命〉》第226－227頁（『文化がヒトを進化させた——人類の繁栄と〈文化—遺伝子革命〉』，今西康子譯，白揚社，2019）。
72. 編註：印尼蘇門答臘北部的穆斯林民族。

A 問題17（2）的解答

只要想像這個主張的背景，是在一夫多妻制的文化或時代下即可。[73]

早杉：但我覺得，這聽起來不覺得像是歪理嗎？說到底，認為這種情況也算「結婚」本身就非常奇怪。

老師：喔，你很敏銳喔，這個感想相當不錯。其實一個意見或主張要具有說服力，就取決於彼此共有的前提（即廣泛意義上的文化背景）。用人類學的角度或可將一夫多妻制包含在內，但在一般的生活中，若將結婚的定義擴大到這個層面，或許就沒有太大的說服力，而無法認同問題17（2）答案的人，就是覺得沒有說服力的人。

文殊：這給人的印象，大多像是詭辯。

早杉：詭辯？……沒錯沒錯，聽起來很像是詭辯！

POINT 詭辯

詭辯就是：儘管實際上是錯的，但為了得到別人的認同，或為了辯贏對方，把錯誤的事講得彷彿再正確不過（也指當事人不知不覺陷入這種爭論的情況）。

古希臘哲學中就有關於詭辯的研究，與詭辯家之間的論戰，柏拉圖將它看作是一種哲學活動，這在以蘇格拉底為主角的對話中，就描繪得非常生動。

另外，亞里斯多德還將詭辯分成許多種類並加以分析，例如像是因果關係造就的錯誤（這會在下一堂課提到）等等。其中最常出現的，就是使用有多種含意或含糊不清的詞彙進行的詭辯。

這樣的詭辯研究代代傳承，至今依然能夠引起熱烈的討論。

73. 原註：我再舉一個跟詞彙意義有關的解釋，就是主張「只有在新婚期的時候」才會覺得結婚真棒，這樣就不會覺得奇怪了。

老師：好的，正如我計畫的一樣，這個問題正是用來接續詭辯的話題。詭辯中最常出現的一種模式，就是根據自己的需求，來改變詞彙的意義，這雖然需要精細的調整，但只要調整順利就能說服別人。另一方面，詞彙調整後的意思若與原意相差太多，就會讓人感覺奇怪並失去說服力，這也正好是我們接著要談論的內容。

4 看穿詭辯的訣竅

老師：為了讓大家更精準掌握，與詞彙意思有關的詭辯要點，我要刻意選用一個奇怪的論證範例來說明。

問題 18 水溶性的我們

請指出下列論證哪裡奇怪。

前提 1：鹽溶於水。
前提 2：你們是地面上的鹽。[74]

結論：所以，你們可以溶於水。

老師：這只是例題，稍候我將立刻開始解說，但順帶一提，這是出自野崎昭弘《詭辯邏輯學》中的論證[75]。

早杉：這個結論明顯很奇怪，我又不能溶於水，應該不會有人能被說服，這算是一個失敗的詭辯吧。

文殊：重點就在前提 2，這是出自「山上寶訓」[76]的一段話，內容是耶穌對弟子與群眾講述基督教的中心教義，順帶一提，京都大學有個宿舍名叫「地鹽寮」[77]，由 YMCA 負責經營喔。

老師：真不愧是文殊，見識真廣。這有許多解釋，其一是在當時，鹽巴是非常有用的防腐劑，由此延伸解釋為「這世上沒有人是沒有價值的存在」。

74. 原註：出自《聖經・馬太福音》的一段話。
75. 原註：野崎昭弘，《詭辯邏輯學 改版》第100頁（『詭弁論理学 改版』，中央公論新社，1976 ／ 2017）。
76. 編註：出自《聖經・馬太福音》第五章至第七章，耶穌基督在山上所說的話，當中最著名的是「天國八福」，這段話被認為是基督徒言行及生活規範的準則。
77. 編註：京都大學的自治宿舍，位於京都府京都市左京區吉田牛宮町 21，由 YMCA 設立經營。

早杉：也就是說，前提 2 的「鹽」並非表示真正的鹽巴，而是種「譬喻」啊，但前提 1 中的「鹽」是指真正的鹽耶。

老師：就是這樣，在我們剛剛提到的慢思術 12 當中講到，當我們使用有多種意思的詞彙時，需要適當加以區別以避免產生混亂，你把這個觀念套用在這個問題上面看看。

文殊：這邊的「鹽」這個字，應該可以區分、表現為「直接」與「譬喻」兩種意思，而所謂的「直接」就是「並非譬喻」。

Lesson 4

問題 18 的解答

在這個論證中，「鹽」這個字在前提1使用的是「直接」的意思，而在前提2使用的是「譬喻」的意思，因此才會從這兩個前提推導出奇怪的結論。

老師：這就可以了，這個問題的重點在於是否能注意到論證中出現的詞彙的意思，進而看穿奇怪的詭辯。像是故意含糊不清地使用有多種意思的詞彙，或是隨自己的需求替換意思等等的。

慢思術 13

最常使出的詭辯手段，就是在主張與議論當中，有意圖地變更使用詞彙的意思。要特別注意「有多種意思的詞彙」以及「和平常不同意義的使用方法」。

文殊：剛剛提到的《詭辯邏輯學》中舉出與水俁病[78]官司有關的例子[79]。

- A不是水俣病患者
- 不是水俁病患者就沒辦法領取補償金

78. 編註：公害病的一種，成因為汞中毒，患者手足麻痺，甚至步行困難、運動障礙、失智、聽力及言語障礙；重者例如痙攣、神經錯亂，最後死亡，至今仍無有效的治療法。
79. 原註：野崎昭弘，《詭辯邏輯學 改版》第 126 – 127 頁（『詭弁論理学 改版』，中央公論新社，1976 ／ 2017）。

上述的「水俁病患者」這個名詞具有好幾種定義，因而引發爭論。①「擁有所有水俁病典型症狀的患者」（醫學用語），以及②「因工廠廢水而有機水銀中毒者」，還有政府單位採用的③「經由審查會認定為『水俁病』患者」這種認定。

老師：但也出現過這樣的案例，就是明顯符合②的意思，可判定是水俁病患者，卻因為不符合①和③的定義，結果無法領取補償。詞彙的意義所產生的混亂，常常與這些現實中的嚴重問題密切相關。

早杉：最近有類似的例子嗎？

老師：這個嘛……有的，而且還有點過分，就是請對方公開資料不要把文件「塗黑」，結果對方竟改成「塗白」這樣，但這類事情還算是詭辯中容易判別的類型，我們先練習看看，確認一下大家能否了解。

問題 19 官僚答辯[80]

在 2017 年的衆議院預算委員會中，在野黨議員詢問證人佐川宣壽[81]，關於森友學園和財務省近畿財務局針對國有地買賣的交涉紀錄是否存在。

證人佐川：在我們確認之後，不存在近畿財務局與森友學園交涉的紀錄。

在野黨議員：什麼時候銷毀的？

證人佐川：關於會面紀錄等文件，依照行政文書管理條例，保管時間不會超過一年。而關於本次案件，因爲在平成 28 年(2016 年) 6 月已經締結買賣契約，成爲既定事實，已宣告結案，所以沒有留下紀錄。

80. 原註：以「岡本真一郎，《為什麼人會被騙：從詭辯談到詐欺的心理學》第 124 － 126 頁（『なぜ人は騙されるのか——詭弁から詐欺までの心理学』，中央公論新社，2019）」中的敘述為基礎改寫。
81. 編註：1957 －，日本第 48 任國稅廳長官。

但在這個答辯後的隔年 2018 年，發現交涉紀錄還有留存……

證人佐川：根據財務省的文書管理規範，應該已經依照規定銷毀了，我們確實已經確認了這些管理規則，我上一次的陳述是「根據這項規定，相關文件應該已經銷毀了」的意思。

——請點出證人佐川的答辯中，可以證明他在詭辯的證據。

老師：可能有點難懂，「沒有留下紀錄」和「銷毀了」等關鍵字是重點，希望大家可以比較 2017 和 2018 年他所說的話。

早杉：2017 年議員問「是什麼時候銷毀的」，他回答因為案件已經終結，所以「沒有留下紀錄」，一般來說這會被解釋成「已經銷毀了，所以不存在」的意思，但是他隔年的答辯……

文殊：變成「根據文書銷毀手續的規定已經視為銷毀了」的意思，所以他沒有明說「不存在」，變成這樣的回答了耶。官僚也會這樣發言啊，與其說是詭辯，更像是以虛偽的形式改變語言的意思，想要鑽漏洞的感覺。

老師：雖然寫出來會變得有點長，但請把解答寫成文字吧。

問題 19 的解答

A

證人佐川在2017年的答辯中，被問到文件的銷毀時間時表示，「在案件結束後所有交涉紀錄都沒有留下來」，一般來說，這會被解釋成「文件已經實際被銷毀了」的意思，所以文件應該不存在。

但在隔年的答辯中，他表示前一年的發言代表「確認文件管理規章的銷毀程序後，這個文件應該已經遭到銷毀了」的意思。進而主張這並非否定文書存在的發言，「沒有留下紀錄」與「銷毀」等詞句的用法與一般的認知大相逕庭，他將詞彙的意思變更成對他有利的特殊意思，這可稱之爲詭辯。

早杉：還真是照自己的意思，隨便玩弄詞彙的意思耶。

老師：嗯，我們偶爾也會遇到這樣的事情，但不太有機會可以明確指出詭辯之處在哪裡，所以我才會把這案例拿來當作練習題。

文殊：這樣說起來，聽到早杉剛剛說的話，我想起了明治時代有個團體曾經試著要刻意改變詞彙的定義與解讀，但最後失敗了。我是在香西秀信著作的《議論入門》中讀到的[82]。

老師：有這種例子啊？機會難得，請你介紹給大家吧。

> 明治 16 年（1883 年），以醫師為中心的衛生有識之士創立了大日本私立衛生會，他們以普及衛生觀念為目標一直活動到昭和 18 年（1943 年），是近代日本規模最大的民間衛生團體。他們最特別的主張，就是希望想將明治政府推動的「富國強兵」政策與增進國民健康作連結。
>
> 大日本私立衛生會為了對政府「富國強兵」的方針作出貢獻，以提升日本人的體格為目標，希望體格好的女性可以多生小孩，這可說是一種深刻反映時代趨勢的想法，那麼接著發生了什麼事呢？
>
> 他們的點子是試圖改變「美人」的定義，「從『衛生』的觀點上來看，一個真正的美人不該拘泥傳統觀念上的容貌，而應該是個身體特別健康的人」，也就是說就衛生的角度，美人的意思並不是指外表的美醜，而是代表身體健不健康[83]。

早杉：這也太硬拗了吧，這怎麼可能更改成功啊！

老師：文殊，謝謝你的介紹，從這裡就可以清楚看出，如果和一般的意思相差太多，詭辯就一定會失去說服力。那麼接下來，我們舉一個有點巧妙的例子來當問題吧。

82. 原註：香西秀信，《議論入門：不會輸的五個技巧》第 32 — 33 頁（『議論入門——負けないための五つの技術』，筑摩書房，2016）。
83. 原註：大日本私立衛生會的相關資料，是參考瀧澤利行〈大日本私立衛生會的民族衛生觀〉一文（「大日本私立衛生会の民族衛生観」，『民族衛生』，57-5，1991）。

問題 20 愛國者都該死？

A：日本的四季和語言都很美，我好喜歡。食物也很好吃，只要吃這些食物就會有非常幸福的感覺。

B：所以你這傢伙也愛著日本對吧。

A：是的，我打從心底愛著日本。

B：那麼，如果日本和其他國家發生戰爭，你也可以爲了日本去死吧？

——請指出 B 發言中的詭辯之處。另外，問題中的 A、B 兩人皆爲日本籍人士。

文殊：感覺真的會出現這種對話，讓人有點害怕。話說回來，實際上真的存在類似主張的人。

早杉：如果有人對我這樣說，我可能沒有自信可以漂亮反駁回去。真心話是，我不想要死，但總覺得最後會被迫同意他的主張。

老師：B 認真覺得他的想法是正確的才會如此發言，或許並沒有用詭辯來陷害 A 的意圖，但這當然不是一般民眾都能輕易接受，或者能夠同意的主張。所以我們將 B 的發言視為詭辯，那麼我要問的就是：「你能確實指出哪裡不對勁嗎？」

早杉：感覺這邊也要注意語言的使用方法，「如果你愛日本，你應該能為日本而死」這句話就是 B 的主旨，所以要先從「日本」來思考。

老師：是的，A 也是最先提到日本，這個著眼點不錯喔。

早杉：我總覺得，A 說喜歡日本時的「日本」，和 B 所愛的「日本」，兩者所代表的意思好像有點不同。A 是針對四季、語言還有食物這類的事物發表意見，對吧？但 B 一下子就提到了戰爭……雖然我也不知道該怎樣表達比較貼切。

老師：嗯，方向對了。接下來，就看你有沒有辦法適當地作出區別。

文殊：為了作出區別，只要用自己的方法作出適當的分類就好，早杉，加油！

早杉：唔嗯嗯……A 關注的焦點在日本這個國家的風土與文化，那我就把它看作「風土、文化」。相對於此，B 的話……就是「國家」！ B 口中的「日本」是指「國家」，這兩種意思被混在一起了。我這樣解讀如何？

老師：喔喔，很不錯嘛。這兩個意思也不能說沒有重疊的部分，但風土、文化層面上的日本，與政府、行政機關也就是國家層面上的日本，感覺可以切開來看[84]。看來你已經被文殊附身了，區別得非常清楚喔。

文殊：人就在眼前卻被附身，聽起來有點奇怪，老師，你當我是六条御息所[85]嗎？關於「日本」的解釋可以按照早杉的方式分類，除此之外，我認為也應該要討論「愛」這個關鍵字。

早杉：（六条御息所……？）說得也是，那我把 B 的發言寫成「如果你愛日本就可以為了日本去死吧，或許並非如此？」的否定疑問句，也就是要按照規則處理。這個嘛……感覺確實是這樣沒錯，因為也不能說「只要有愛，不管遇到什麼情況都能為了對方去死」。

老師：但這麼一來，B 可能會回說：「那就稱不上是『愛』了。」

文殊：問題就在這裡，「愛」的標準到底是什麼？

早杉：原來如此，相較於一般的用法，B 對「愛」的解讀非常極端。也就是說，不僅要以對方為重，甚至還要做出特別的行動，他認為「為了所愛的人，必要嚴苛對待自己，甚至不惜犧牲」。

老師：很棒，對「愛」的要求如此嚴苛，絕對不能說是正常，儘管如此，B 卻只能認同這種特殊意思的「愛」。將上述的討論統整一下，就變成了以下的內容。

84. 原註：相反的，如果你想要支持 B 的主張，就要將「風土與文化」和「國家」這兩個層面緊密結合至難以分離，從「如果愛前者，無論如何都得愛後者」的方向來議論。
85. 原註：《源氏物語》中的登場人物，因為嫉妒心太強烈，所以會化作生靈，不斷為光源氏的情人們帶來災禍。

問題20的解答

A　A口中的「日本」是指「風土與文化」，相對於此，B指的是「國家」。另外，B所說的「愛」限定在「甚至要爲所愛之人犧牲自我」，這與一般的用法並不一致。

雖然意思與用法都不相同，但B將A「我愛日本」這句話中的「日本」與「愛」用對自己有利的方式解讀，接著導出「你應該可以爲了國家去死」的結論想要說服A。從這點上來看，B的發言就是詭辯。

Lesson 4

老師： 整理答案再把它寫出來真的非常不容易，早杉，辛苦你了。

早杉： 不會不會，多虧有這樣的練習，我已經習慣多了。討論完這題，今天這堂課就要結束了嗎？

文殊： 不好意思，最後可以讓我出一個簡單的相關問題嗎？這是以希羅多德的著作《歷史》中的小故事改編[86]。

老師： 謝謝你，這就當作是這堂課最後的問題吧，問完之後就會立刻進行解答和解說。

問題 21　預言百發百中

西元前六世紀，利底亞[87]國王克羅伊斯[88]想要舉兵攻打波斯帝國[89]時，獲得了這樣的神諭：

「克羅伊斯會越過哈里斯河，巨大的帝國因此毀滅。」

克羅伊斯聽到這個預言後決定舉兵，卻輕易地敗給了強大的波斯帝國，但預言者卻堅定主張，他的預言並未失準。

——那麼，他的主張能夠成立嗎？

86. 原註：出自於「希羅多德，《歷史》上卷，第49頁和第86－87頁（『歷史』上卷，松平千秋譯，岩波書店，1971）」中的小故事，但這則問題是以「亞里斯多德，《修辭學》第326頁（『弁論術』，戶塚七郎譯，岩波書店，1992）」的記述為基礎改寫。
87. 編註：小亞細亞中西部一古國，瀕臨愛琴海，位於今天小亞細亞的西北部。
88. 編註：Κροῖσος，西元前595－西元前546，利底亞王國最後一位君主。
89. 編註：古代波斯地區第一個把領土擴張到大部分中亞和西亞領域的王朝，也是第一個橫跨歐亞非三洲的帝國。

問題21的解答

預言中出現的「帝國」，指的並非波斯帝國，而是克羅伊斯率領的利底亞。

預言者的主張也是惡意使用詞彙的多重意思做出的詭辯，實際上，這也是個巧妙的機關，無論毀滅的國家是利底亞還是波斯帝國，他的預言都能成真，因為只要把「帝國」解釋成毀滅的那一方就行了。

其實，這個預言也包含了「科學」與「非科學」的重要論證，就是科學哲學中所謂的「可證偽性」與「證偽主義」，我簡單說明如下[90]。

POINT 科學與可證偽性

首先，將「證實某個假設是錯的」的狀況稱為：該假設「遭到證偽」。「明天會下雪」這個假設因為實際上沒有下雪而遭到證偽（實際上如果真的下雪，這個假設就會被稱為「被證實」）。

接下來，原理上有辦法顯示假設有誤就稱為「可證偽性」。「明天會下雪」這個假設，只要到了明天就能確認正確或錯誤，所以有可證偽性。相對於此，問題21中「帝國毀滅」這個預言，不管遭毀滅的是波斯還是利底亞都是正確（被證實），所以從原理上來看不可能有錯。也就是說，這個預言欠缺可證偽性。

科學哲學家卡爾．波普爾[91]提倡這個「可證偽性」，是為了讓假設或理論擁有科學性條件的「證偽主義」。根據證偽主義，非科學主張的特性就是無法證偽。神秘的預言常會用深奧且難以捉摸的言詞包裝，這類主

90. 原註：詳細內容請參照植原亮《改善思考力的腦力激盪：從批判性思考進化為科學性思考》第Ⅳ部（『思考力改善ドリル——批判的思考から科学的思考へ』，勁草書房，2020）等著作。

91. 編註：Karl Popper，1902－1994，二十世紀最重要、也是最有影響力的哲學家之一。他的哲學貢獻主要是在科學方法、理論選擇、科學劃界問題、機率與量子力學、社會科學方法論等議題上，不管在科學哲學、科學還是一般社會上都可看到他的影響力。

張內容含糊不清，試圖閃躲證偽。偽裝成科學的非科學，也就是所謂的「偽科學」，同樣是用不明確的言詞，想方設法創造出躲避證偽的結構。

相對於此，科學的假設與理論會使用嚴謹的專業術語，並且無止境地讓自己暴露在完善實驗與觀察下接受檢視，以確保可證偽性。換言之，所謂科學就是去證明「確實會出錯」的可能性。

Lesson 4 總結

- **語言是力量強大的思考工具，最好能夠有意識地加以鍛鍊。**
- **語言的陷阱之一，就是含糊不清地使用具有多種意思的詞彙，要對這樣的詞彙適當地區別、分類，以避免混亂發生。**
- **詭辯的人會惡意利用詞彙的多種意思或含糊不清的一面，多加注意才能看穿他們的伎倆。**

積極去做
「別人不喜歡做的事」!

老師：還沒有和大家對「積極去做他人不喜之事！」這句小學標語的答案呢。

文殊：是的，一般來說應該會解釋成「積極去做別人不喜歡做的事，像掃廁所、撿垃圾等等」，但也有人會以為，這句話是在講「做對方不喜歡遭受的對待」。

老師：惡作劇、說別人壞話，這些也是「他人不喜之事」。

早杉：但是，語言無論如何都會有誤會的情況發生，就像我，有一天我媽突打電話跟我說「你姊姊被拐走了！」害我嚇一大跳。對了，我有一個姊姊。

文殊：什麼，綁架案？！然後呢，結果是？

早杉：然後我就問「姊姊沒事吧？」我媽回答「現在在醫院。」所以我也就放心了。

老師：有點聽不太懂耶……所以是說，你母親打電話給你的時候，姊姊已經被放回家，但因為受傷所以去醫院的意思嗎？

文殊：啊啊我知道了，不是綁架對吧。但竟然真的有這種誤會發生啊，重點就在「被拐走了（さらわれた）」這句話上面。

早杉：沒錯，結果是「膝の皿が割れた（膝蓋骨裂開）」的「さら（膝蓋骨）われた（裂開）」[92]，我姊騎自行車摔倒，然後被送進醫院動手術。可喜可賀可喜可賀。

老師：還真是個漂亮的結尾呢，那麼，我們下一堂課見。

92. 編註：跟「被誘拐」的日文「攫われた」發音相同。

Lesson 5

明白因果關係，就能提升思考品質

1

別執著於一個原因

——早杉有點腳步不穩地和文殊一起進入研究室。

早杉：痛痛痛。

老師：早杉，你怎麼啦？

早杉：我肚子痛，我想大概因為我昨天喝的牛奶放得有點久。

文殊：但你明天有個很重要的簡報對吧，你之前不是說過，只要快到要簡報的日子就會肚子痛嗎？

早杉：這樣說起來，壓力也會引起腹痛對吧。嗯，原因到底是什麼啊？

老師：唔姆，痛得正剛好呢。

早杉：什麼正剛好？老師幹嘛竊笑？

老師：沒有啦，我只是想到，要正確掌握「因果關係」是件很難的事情而已。這堂課，我想針對「直覺也無法順利」的其中一種狀況，要來講講因果關係。

文殊：因果關係，也就是「由什麼『原因』引發了某個『結果』」的關係，原因的「因」和結果的「果」合稱「因果」。早杉肚子痛的原因，到底是放太久的牛奶還是簡報帶來的壓力？

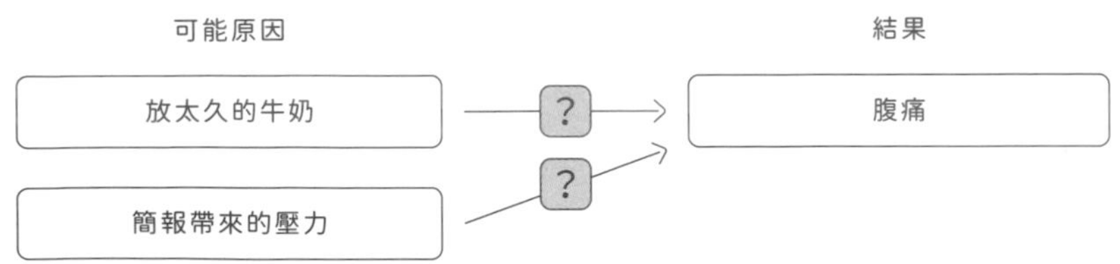

老師：沒錯沒錯，多數情況下，自行啟動的「系統一」都會替我們引導出正確答案，但也不是每次都能正確掌握因果關係。所以，即使一開始就想到什麼假設，也別將它當作最後答案，利用「系統二」從各個層面思考，檢討是否有其他因果關係的可能。處理因果關係最適合拿來練習熟慮了，而且，因果關係本身對人類來說也是至關重要的東西，我後面會進一步說明。

早杉：就是「別把最一開始想到的想法當作正確答案，先作否定，好好忍耐，接著開始熟慮」，對吧。

或許並非因為我喝了放太久的牛奶？——如此一想，也很可能跟牛奶和簡報都沒有關係呢。

但我現在得邊忍受肚子痛邊上課，實在非常痛苦……

老師：那麼，這次你不只腦袋要開啟手動模式，身體也要在辛苦的狀況中努力了。首先，試著把範圍設定在「不是自己，而是他人會想到怎樣的因果關係」，以此為基礎來思考其他的假設，接著我們就來練習看看吧。

Lesson 5

問題22 壞血病的治療方法[93]

閱讀以下文章後，回答(1)、(2)。

壞血病是個恐怖的疾病，船員們的牙齦會潰爛到牙根處，臉頰僵硬腫脹，牙齒搖搖欲墜隨時都會脫落。

……口氣很臭，腳也沒有力氣，全身上下疼痛，出現青色或紅色的瘀傷，壞血病患者身體會慢慢越變越糟，疼痛至死。

船醫們努力尋找各種解決方法，某位醫師認為，壞血病是懶惰者才會得的疾病，所以這名醫師要船員做苦力、多勞動，試圖以這

93. 原註：以「西蒙．辛格（Simon Singh）& 埃德扎德．恩斯特（Edzard Ernst），《替代醫療解剖》第33－35頁（『代替医療解剖』，青木薰譯，新潮社，2013）」為基礎改寫。

方法治療壞血病。

(1)這位醫師認爲壞血病是由什麼因果關係發病的？

(2)實際上什麼才是正確的因果關係？(這題是要問是否具備相關知識，即使不知道答案也不必在意，請繼續讀下去。)

老師：這題應該是相對容易理解的問題，但希望大家別只是用腦袋思考，用語言清楚、明確地表現出答案是解題的重要過程，也是訓練「系統二」工作的好方法。

早杉：我立刻就來試試看，這個嘛……第一段是在說明壞血病是怎樣的疾病，（1）是在問醫師的想法，這已經寫在下一段裡了，所以只要讀這邊就好。醫生認為只要做苦力、多勞動，讓他們不懶惰就能將病治好，所以「醫師認為，因為懶惰才會得到壞血病」，這個答案對嗎？

老師：OK，寫出因果關係，用文章明確表現就會變成——「醫師認為的因果關係是『因為懶惰，所以造成了壞血病的結果』」。

那麼接下來是（2），對「這個因果關係，實際上或許並不正確？」進行熟慮，再來進一步討論吧。

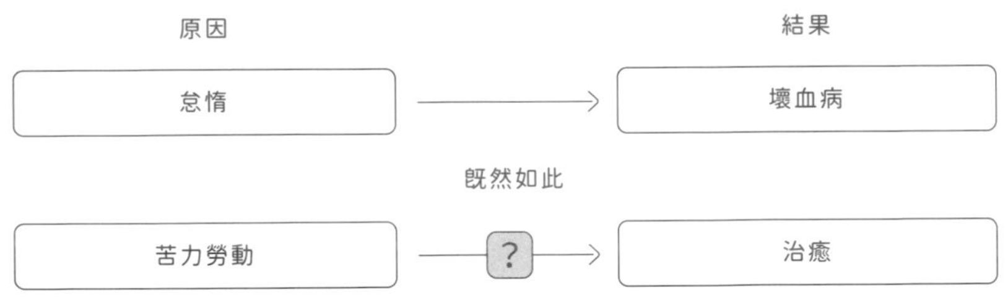

早杉：話說回來，這個壞血病的案例，我好像在哪聽過耶。好不容易終於可以去航海了，大家的身體卻開始接連出現不適……

文殊：應該是《海賊王》吧？

早杉：就是那個！對啦，我記得只要吃水果或蔬菜就可以治好了！

文殊：只要攝取維他命 C 就可以治好，所以真正的原因是……

早杉：請等一下，我知道了，答案是「因為維他命 C 攝取不足」。但反過來說，就是因為這樣才會得壞血病，所以沒辦法工作，這就是（2）的答案。

老師：答對了，就是這一回事。也就是說，醫師搞錯因果關係，所以才會用這種奇怪的治療方法，叫病患去做苦力勞動，但其實應該要改善飲食，讓他們攝取維他命 C 才對。

慢思術 14

要注意「本末倒置」，弄錯因果關係的可能性。

文殊：統整成圖示之後就會變成這樣。

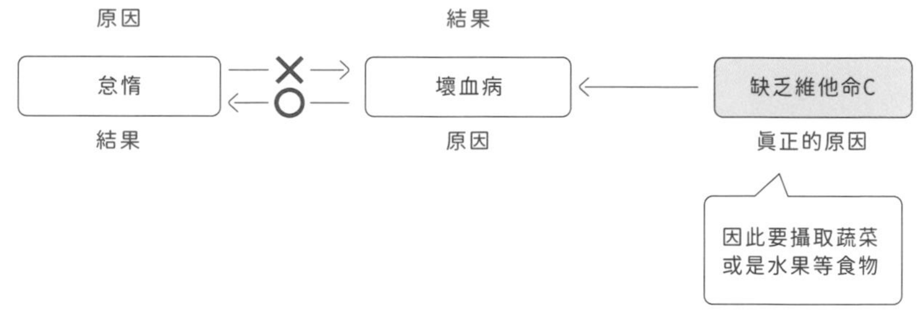

問題22的解答

⑴ 醫師認爲的因果關係是「原因懶惰，所以引發壞血病這個結果」。

⑵ 實際上是因爲罹患了壞血病造成身體機能下降，才出現懶惰這個結果，而壞血病本身是因爲缺乏維他命C所引起的。

早杉：文殊前輩，謝謝你畫出圖示。哎呀～但話說回來，壞血病的症狀也太嚴重了。

老師：正如我們剛剛提到的，缺乏維他命C是壞血病的原因。維他命C是製造蛋白質（也就是膠原蛋白）不可或缺的材料，而蛋白質是組織人體的基本成分，維他命C不足，就無法製造牙床，傷口也無法癒合，肌肉還會逐漸減少……聽說非常痛苦，這真的太恐怖了。

2

因果關係爲什麼對人類很重要？

文殊：話說回來，老師剛剛曾經提過，因果關係對人類來說是至關重要的事情，對吧。

老師：是啊，我確實這樣說過。科學研究的目的之一是為了找出原因，而科技發展的目標則是為了控制事物，這一切的基礎就是對因果關係的正確理解……說明會有點花時間，但還是讓我稍作詳細說明吧。

POINT	缺乏「因果關係」概念， 就無法談論人類的活動與歷史

人類這種生物，從遠古至今的發展，大部分都倚靠科學與科技的力量，而科學與科技都與「因果關係」有緊密關聯。從這層意義上來看，我們人類想要理解自己的活動與歷史，絕對不能欠缺「因果關係」概念，接下來將針對這點進一步說明。科學的重要任務，就是從因果關係來解釋這個世界發生的各種現象。換句話說，就是找出事情的原因。「船員會罹患壞血病，是因為缺乏維他命C」這個論述，就是在解釋發生壞血病的原因。「地球暖化是因為溫室氣體增加」，這也是運用科學來解釋因果關係。

另一方面，我們也會用「沒有科學基礎」的直覺來掌握因果關係，像腹痛時會說「或許是因為喝了放太久的牛奶」，或看見壞血病患者太懶惰就說「可能是因為懶惰」，就像這樣立刻冒出一堆假設。但很遺憾，日常生活中，我們雖然常會用直覺來推想因果關係，但這種方式卻不值得信賴。為了更精準、正確地掌握因果關係（具體內容詳見Lesson 8與Lesson 9的實驗與調查方法），人類開始建立方法並不斷進行修正，這也是科學活動的重要特徵。

以科學為基礎來掌握因果關係的好處是，除了可以找出問題真正的原因，釐清究竟發生了什麼事，也可以對未來進行預測，例如:「如果不攝取維他命C就沒辦法治好壞血病」、「今後如果又遇到缺乏維他命C的狀況，可能會讓壞血病蔓延」等等。

然後就可以事先做好因應對策，避免預測成真。只要攝取維他命C，就能治療跟預防壞血病;只要抑制溫室氣體排放，就可以延遲地球暖化的速度。

以上論述，也顯示了這樣的可能:「只要正確掌握因果關係，就可以與控制現象的技術，也就是廣義的科技應用相結合」。只要確實掌握因果關係，並巧妙地介入其中，我們就可以操控現象，並朝期望的方向發展，壞血病的治療與預防就是一個簡單明瞭的例子。除此之外，因為找出植物成長的主，進而提升了農事效率;因為理解了電磁力的作用方法，而讓馬達可以如願運轉……就像這樣，科技發展基礎，就是正確掌握因果關係。

人類這種生物，會去理解自己生活的環境是怎樣的世界，除了認識這個世界之外，同時也會不斷發明對自己有用的新東西。

科學的知識探究與科技的顯著發展，也讓人類與其他生物之間產生了巨大的差異，並造就了人類歷史的重要局面，其核心關鍵，正是能否懂得運用因果關係，來弄清這個世上發生的現象。這就是為什麼我會說，因果關係對人類而言如此重要的原因。

早杉：如果不弄清正確的因果關係，確實無法好好使用科技。壞血病的案例就是「因為搞錯原因，所以才會用奇怪的方法治療」，這就是搞反了因果關係。請問還有其他不同的參考案例嗎？

文殊：若與醫學相關……森鷗外與腳氣病論戰這個案例如何呢？

老師：啊啊，這是個非常棒的例子呢。

STEP UP｜森鷗外與腳氣病論戰[94]

以《舞姬》、《高瀨舟》等作品聞名的明治、大正時期的作家森鷗外，同時也是陸軍的軍醫，官居軍醫總監，他當軍醫時所面對的流行病，正是腳氣病。

Lesson 5

腳氣病的症狀為手腳麻痺、步行困難，有時甚至會引發心臟衰竭，當時在日本的軍中大流行，問題相當嚴重。有人認為腳氣病是一種傳染病，實際上，這是因為缺乏維他命B1所引發的疾病。

但在鷗外的時代，就連維他命這種東西都尚未被人類發現，因此關於腳氣病的原因，就出現了「細菌感染症」與「缺乏營養」兩種對立的說法。從現在的角度來看，「缺乏營養」的說法才是正確的，因為只要確實補充缺乏的維他命B1，就能攝取足夠的營養。但因為鷗外留學德國期間，師事發現結核菌的柯霍[95]，所以支持「細菌感染症」的說法，而他所屬的陸軍也採用了這個說法。

結果發生了什麼事？陸軍採用了副菜少，幾乎全吃白米的伙食。雖然白米很好吃，但精緻的白米也將糙米褐色部分所富含的營養一併丟棄，因此陸軍的伙食不但缺乏營養，還增加了罹患腳氣病的風險。

實際上，當時死亡的士兵中，除去戰死的人數，日清戰爭約有四千人、日俄戰爭約有兩萬八千人死於腳氣病。日清戰爭動員了二十萬人，

94. 原註：請參照奧積雅彥〈森鷗外（1862－1922）〉《統計圖書館專欄人物篇No.0006》https://www.stat.go.jp/library/pdf/column0006.pdf（2021年12月29日點閱）。
95. 編註：Heinrich Hermann Robert Koch，1843－1910，德國醫師兼微生物學家，為細菌學始祖之一。

戰死人數不滿千人；日俄戰爭動員了一百一十萬人，戰死加病死人數大約三萬七千人（也就是說，其中約75%的人死於腳氣病）。從結果來看，腳氣病造成的犧牲可說是相當可觀。

相對於此，海軍軍醫高木兼寬[96]認為腳氣病的原因是「缺乏營養」，所以採用了營養豐富的大麥飯作為伙食，因此海軍因腳氣病死亡的人，在日清戰爭中為零，日俄戰爭中也只有幾人。之後，日軍就針對伙食的營養做了全面改善。但遺憾的是，鷗外雖然接受了這個事實，卻還是執著於「細菌感染症」說法，堅持不肯讓步。

老師：這是歷史上，因為建立在錯誤因果關係上的假設，造成莫大損害的真實案例。腳氣病明明來自其他的原因，卻沒有認真考慮它的可能性，這就是鷗外的錯誤所在。這堂課一開始，早杉對於自己腹痛的原因，提出可能出自「放太久的牛奶」或「簡報壓力」，但鷗外就無法這樣冷靜思考了。

慢思術 15

請注意可能存在的「其他原因」。

早杉：用批判的觀點來檢視自己相信的說法，這真的相當重要。

老師：你這句話說得真好。順帶一提，將注意力全都放在自己相信的主張，或對其有利的證據上，並對反駁的主張或證據視而不見，這種傾向就稱為「確認偏誤」（Lesson 6 的 3 會說明）。這也是「系統一」的壞習慣，所以希望大家偶爾要確認一下，自己是否陷入了確認偏誤的狀況中，鷗外或許就是陷入這種狀況裡了呢。

96. 編註：1849 – 1920，日本海軍軍醫，日本首批醫學博士，東京慈惠會醫科大學及其附屬醫院的創立者。

慢思術 16

越想相信的假設，越要注意「確認偏誤」。

老師：根據以上內容，大家可以理解到，正確掌握因果關係有多麼重要了嗎？那接下來讓我們稍微做點練習吧。

3

結果和原因或許恰恰「相反」

老師： 首先出一題與問題 22 類似的問題，一樣是把因果關係本末倒置的類型。

問題 23 ｜ 宙斯無數的子孫

請閱讀以下文章後，回答(1)、(2)。

希臘神話的眾神之王宙斯相當好色，不僅和眾女神，也與許多人類女性有小孩。

結果導致在古希臘，有非常多的人類，特別是王家、貴族的人宣稱「自己是宙斯的子孫」。

(1)請思考這裡存在怎樣的因果關係？

(2)這段內容的原因與結果顛倒，也就是因果關係本末倒置，這是怎麼一回事？請試著建立你的假設。

文殊： 宙斯和正宮希拉之間有阿瑞斯、赫菲斯托斯等孩子，也會化身為牛、天鵝的樣貌，甚至變身為未婚夫的樣子接近人類女性，英雄海克力斯也是在這種背景中出生的。

老師： 喔，你很了解耶，宙斯的愛戀對象也包含美少年在內，但先不管這一點。早杉，你會如何解答（1）呢？

早杉：他就是用了文殊前輩剛剛說的方法靠近女性，生下許多小孩，這些小孩又留下子孫，所以才會讓許多人自稱是「宙斯的子孫」，整理一下前後關係，大概就是「因為宙斯太好色，結果造成很多人自稱是他的子孫」。

老師：嗯，這種感覺就可以了。那接著是（2）。

早杉：這我就想不太懂了，自稱「宙斯子孫」的人非常多是原因……「好色」成了結果……？

老師：沒錯，其實「宙斯很好色」並非原因，而是結果。從時序上來看，乍看時序相反，所以很難讓人這樣想，但這個方向才是對的。

文殊：除此之外，你仔細閱讀問題，宙斯是怎樣的神明？

早杉：先用「這個假設，或許並非正確」的想法踩踩煞車，接著「好好確認問題給出的條件」。原來如此，第一堂課學到的技巧又反覆出現了呢——嗯，宙斯是「眾神之王」。

文殊：眾神之王——所以說？

早杉：所有神明的國王，就是希臘神話中地位最崇高的感覺。

老師：就是這樣，如果這樣的宙斯是你的祖先，你會怎麼想？

早杉：那當然想要炫耀啊，我的祖先是眾神之王～

老師：（這傢伙在幹嘛……）就是這樣，再怎麼說宙斯都是神明，一般來說，根本沒有明確的證據可以證明他是自己的祖先。而且，如果其他人也是宙斯的子孫，應該會跟你一樣開心。試想看看，將這兩點結合之後，會發生什麼事情？

早杉：沒有明確的證據……但是，這種情況應該會有什麼祖訓或傳聞才對吧，像是：我們的家族往前回溯幾代，正好就是宙斯的小孩；或是因為宙斯變身成了某種動物，然後此人就……咦？這不就是神話的內容嗎？總覺得那些自稱是宙斯子孫的人，都會把神話內容當作證據拿出來用。

文殊：這邊你再努力一下，雖然是神話，但還是人類口述的東西，所以不見得是歷史事實。此外，問題中又是怎麼描述那些自稱是宙斯子孫的人？

早杉：這個嘛，「特別是王家與貴族」，確實是耶，這些人當然會對自己是宙斯的子孫感到開心，還有，該怎麼說呢……感覺像是為自己的家族鍍了一層金。我們家的祖先是神明耶，超偉大的等等之類……原來是這樣！我總算搞懂了！

老師：喔，找到答案了嗎？

早杉：是的，因為宙斯是眾神之王，所以包含王家與貴族在內，有非常多人想自稱是宙斯的子孫，所以才創作了許多「宙斯和人類女性生小孩」的神話，然後說那個小孩就是自己的祖先。

文殊：——結果造成？

早杉：所以才造成了宙斯很好色的結果！宙斯的個性其實是馬後炮的設定。

老師：很棒、很棒。哎呀，總算找到正確答案了。我也是讀了藤村 Sisin 的《古希臘的真相》[97] 這本書之後才知道這個有趣的事情呢。

97. 原註：藤村 Sisin，《古希臘的真相》第 80 － 81 頁（『古代ギリシャのリアル』，實業之日本社，2015 ／繁中版：《古希臘原來是這樣!?》，聯經，2017）。

問題 23 的解答

(1) 因爲宙斯很好色，與許多人類女性生小孩，結果有許多人類自稱爲宙斯的子孫。

(2) 原因在於「有許多人爲了增加自己的權威，想要將衆神之王變成自己的祖先」，因此創作了許多宙斯與人類女性生子的神話，結果宙斯的人設就變得無比好色。

Lesson 5

老師：讓我們再練習一題吧，下一題要試著從圖表中，建立因果關係的各種假設。

問題 24 學業與幸福[98]

我們一般覺得，「只要在校成績好就會感到更幸福」，但眞的是這樣嗎？

爲了研究這個問題，心理學家大石繁宏等人以兩百多名伊利諾大學的學生爲調查對象，並將結果製成了下列圖表，縱軸爲「平均成績」（滿分五分）。

(1) 請用這個圖表說明學業成績與幸福感之間的關係，特別關於「只要在校成績好就會感到更幸福」這樣的假設能作何解釋，也請一併說明。

(2) 從調查中我們也可以知道，回答「非常幸福」的學生比回答「幸福」的學生出席率還要低。請將這點列入考慮，並思考表格中回答「非常幸福」與「幸福」的學生，兩者學業成績差距的原因，並建立最合理的假設。

98. 原註：請參照大石繁宏《將幸福以科學計量：從心理學中得知的事實》第155－159頁（『幸せを科学する——心理学からわかったこと』，新曜社，2009）。

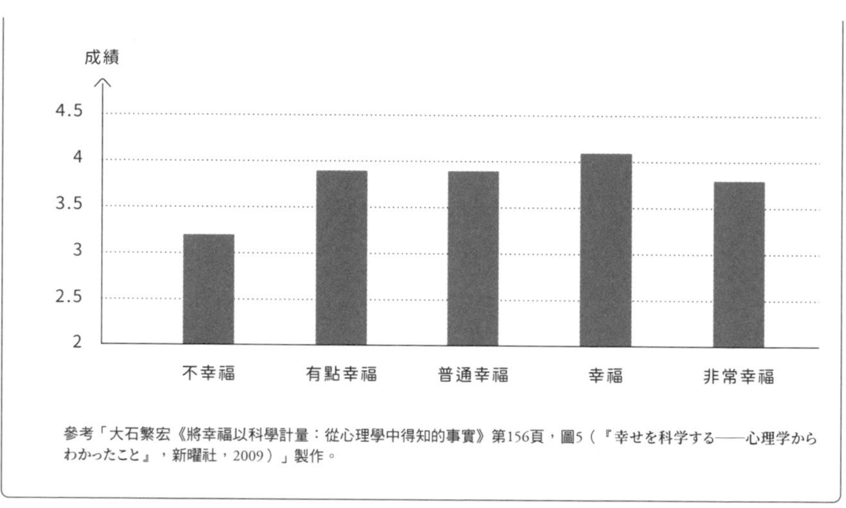

參考「大石繁宏《將幸福以科學計量：從心理學中得知的事實》第156頁，圖5（『幸せを科学する——心理学からわかったこと』，新曜社，2009）」製作。

早杉：……總之，從左邊看到右邊，感覺不幸福的人成績也不太好。然後隨著幸福感變高，成績也變得越好。果然「成績越好的人越幸福」，也可以這樣說吧。

老師：不對不對，你仔細看到最後，成績最好的人呢？

早杉：咦？比起「非常幸福」的人，「幸福」的人成績還比較好耶。

文殊：如果是這樣，（1）的答案可以寫成「整體來看，幸福感越高成績會越好，但也發現，幸福感最強烈的人成績也會略微下滑」，這樣？

老師：可以這樣說。所以「學業成績越好的人感覺越幸福」，這在直覺上看似合情合理，也與假設大致吻合，但並不完全正確——那麼，這又是為什麼呢？（2）就為大家提供了熟慮的材料。

早杉：（2）回答「非常幸福」的學生，比回答「幸福」的學生出席率還要低，那他們的成績也可能較差一點。

文殊：但他們感到比較幸福，（2）就是要去思考產生這個差距的原因。

老師：嗯，就是這樣，希望大家可以在此發揮想像力。

早杉：這個嘛，想像一下，感覺「非常幸福」的是怎樣的學生……他們給我一種生活光彩動人的感覺，閃亮到讓人無法直視，也就是說，戀愛或社團活動都過得非常充實。

老師：總覺得你的想法有點偏頗耶～擁有什麼興趣並樂在其中的人，應該也過得相當開心吧？

文殊：總之就是課外活動也相當充實的學生，這類人去上課的機會或許也會隨之減少呢。

老師：沒錯沒錯，就是容易產生「書認真念到某個程度就可以了」的想法。那麼相對於此，那些成績最好的人又是什麼情況？

早杉：這個嘛……雖然很認真念書，但因為沒有時間做自己喜歡做的事，幸福感也隨之減少了吧。

老師：OK，這個答案很不錯，可以作為（2）的正確答案。

問題 24 的解答

⑴ 從整體來看，有幸福感越高成績也越好的傾向，但也可看見幸福感最強烈的人成績會略微下滑。

⑵ 回答「非常幸福」的學生雖然在學業上十分努力，但他們也同時在課外活動中找到樂趣，可以推測他們因爲從事這些活動而降低了出席率。因此成績才會低於回答「幸福」的學生。另一方面，成績最好的人因爲專注課業，沒有時間從事自己喜歡的課外活動，幸福感也稍稍隨之下降[99]。

99. 原註：還可以建立其他假設，這邊想請各位讀者也自行思考。在此舉出另外一個假設。成績最好的人也有較高的完美主義傾向，因此雖然獲得相當優秀的成績，也會因為沒拿到滿分或是沒有所有科目皆拿到五的理由而認為自己還不夠好，也因此比較難感覺幸福。

4

利用慢思術讀心

早杉：哎呀，關於剛剛的問題，該怎麼說呢……非常引人深思呢。

老師：關於幸福的研究相當盛行，也有許多有趣的討論[100]，研究者都想要搞清楚什麼是幸福，以及造成不幸與苦痛的原因。

——話說回來，早杉你的肚子現在還會痛嗎？

早杉：喔？當我把注意力放在問題上之後，就感覺不太痛了耶。

老師：嗯，那真是太好了，但應該有點辛苦吧。

早杉：是的，這次或許已經消耗了非常多體力。

老師：那我們就用一個稍微輕鬆的話題來結尾吧。

——或許有點突然，早杉，如果你在路上看見有個人在路邊舉起手，就像下圖這樣，你覺得他在幹嘛？

100. 原註：舉例來說，可以舉出經濟狀況與物質豐裕對幸福感的影響（貧困時的影響大，但變富裕後影響也會隨之變小），或同卵雙胞胎主觀幸福感受的比較（遺傳性因素在此會有強烈的作用），什麼是幸福的泉源（像是和諧的人際關係，或從事有趣、有成就感的活動等等）等研究主題。不過，雖然每個主題都有人提出相當有趣的見解，但都還處在議論階段，還沒有定論。其背後也存在著，到底該怎麼定義幸福（是對人生整體的滿足感？或者是要將重點擺在時時刻刻感受的情緒上？）這類概念性、哲學性的問題。除了前述提及的大石繁宏《將幸福以科學計量》；喬納森．海特（Jonathan Haidt），《幸福假設：古代智慧與現代科學的智慧》（『幸せの仮設——古代の知恵と現代科学の知恵』，藤澤隆史、藤澤玲子譯，新曜社，2011）之外，也可參閱包含哲學討論在內的最新研究：Haybron, D. (2020). Happiness. In E. N. Zalta ed. *The Stanford Encyclopedia of Philosophy*.

早杉：他想叫計程車啦。

老師：果然立刻就明白了呢，這也是「系統一」的直覺運作。因為太理所當然了，所以可能難以察覺，但「想叫計程車」其實是人類的一種心理狀態，又被稱作「欲望」、「意圖」或「動機」。仔細想想，只是這樣看一眼，就能大致掌握他人的心理狀態，這可是非常厲害的事情呢。

文殊：這就是所謂的「直覺心理學」，也就是我們 Lesson 2 提到的「直覺物理學」的心理學版。雖然說是心理學，也不是大學教的那種心理學，而是指「用來理解或推測他人心理的一種日常思考輪廓」。

老師：這也叫作「純粹心理學」，或「民間心理學」、「心理理論」等等。用在剛剛的問題上，這個人「因為」想要叫計程車而舉手，我們可以像這樣毫不費力地理解與說明，甚至可以說我們是直覺心理學的專家。

早杉：這個「因為」聽起來好像因果關係喔，因為想叫計程車這個心理狀態（欲望、意圖、動機），所以造就了舉起手這個行動的結果，是這樣嗎？

老師：嗯，很不錯喔。但就跟我們一直強調的一樣，人心的狀態也會遇到直覺無法正確判斷的時候，此時我們就要將思考模式從自動切換成手動，進行熟慮才行。這也不只存在現實裡，舉例來說，當你在解讀文學作品中所謂的心理描寫時，也需要像這樣慢慢去思考才行。

慢思術 17

直覺擅長理解與推測心理的狀態，但千萬別忘了，也會有需要熟慮的時候。

早杉：這也是需要練習的嗎？

老師：需要某種程度的練習，但我剛剛說了，要用輕鬆的話題來結尾。所以說，雖然和先前的問題有點不同，但我準備了一些謎題，要來猜猜看犯罪者的心理狀態。犯罪者必是基於什麼意圖與動機才會做出犯罪行為，但光靠直覺不見得可以簡單推測出他的心理狀態，我會出兩道這樣的問題，希望大家發揮想像力。順帶一提，這是引用自查布里斯和西蒙斯合著的《錯覺的科學》。

早杉：是實際發生過的事件嗎？

老師：沒錯，雖然是發生在美國，但我覺得滿難的，所以猜不出來也別氣餒，也或許立刻就能知道答案。而且，這個故事裡的人之所以會被逮捕，就是因為想去做那些細想根本就做不到的事。

問題 25　僞鈔詐欺[101]

塞繆爾·波特想印僞鈔來詐欺，他計畫要在超市結帳時將僞鈔兌換成小額鈔票。

但就在他實施計畫時，超市店員立刻拒絕替他換鈔，生氣的波特與店員起衝突，警方接到通報後前來將波特逮捕。

——爲什麼店員立刻看穿那是僞鈔？請根據波特的犯罪計畫試著建立假設。

早杉：應該是偽鈔做得太差了吧，人像模糊或是數字歪斜等等。

老師：從常識上思考大概會是這樣，但若是這樣，店員或許也無法立刻看穿，所以才會像這樣特地被出來當作問題……這樣說好了，奇妙的現實將超越你我的想像，嗯，我就趕快說出這個問題的答案吧。

問題 25 的解答

因爲他想兌換的鈔票面額，是現實中根本不存在的100萬美元。

101. 原註：以「克里斯多福．查布里斯（Christopher Chabris）& 丹尼爾．西蒙斯（Daniel Simons），《錯覺的科學》，第137頁（『錯覚の科学』，木村博江譯，文藝春秋，2014）」的事例改寫。

早杉：哇塞，100 萬美元換算後超過 1 億日圓耶。

老師：沒錯沒錯，如果拿到日本來說，就是製造了 1 億日圓的高額偽鈔想要換鈔。美國紙鈔明明只發行到 100 美元，竟然一口氣飆漲 1 萬倍，這種「偽鈔」現實中根本不存在，講起來也有點奇怪就是了[102]。

早杉：——這是發生在美國的事情對吧。再怎麼說這個計畫也太亂來了吧？

文殊：但上網逛逛，我還找到了這種事件耶。

2017 年，大阪府豐中市一名男性（82 歲）被以對名古屋市的女性（72 歲）兜售 100 萬美元鈔票的詐欺嫌疑遭到逮捕。根據報導[103]，他告訴女性只要以 150 萬日圓購買 100 萬美元鈔票，他會在一年內來換成現金，一張美鈔可以換取 4500 萬日圓，騙得四張鈔票的兜售金額（合計 600 萬日圓）。

老師：日本發生過這種事件啊？我完全不知道。

文殊：女性購買 100 萬美元紙鈔之後，不管等了多久男性都沒有來換錢，女性去找警方商量才揭穿這起詐欺案。

早杉：這也是超越想像耶，剛才這些事件讓我受到嚴重創傷，另一題就交給文殊前輩……

老師：真拿你沒辦法，那就請文殊來回答下一個問題。

問題 26 ｜ 搶銀行[104]

麥克阿瑟·惠勒犯下銀行搶案後得到一大筆錢，但隔天新聞播出他搶銀行時的監視器畫面影像，一小時後，他馬上遭到逮捕。

警方在偵訊過程中讓他看了那段畫面，惠勒露出難以置信的表情說：「爲什麼會拍到我的臉，我都已經塗果汁了耶！」

——這是什麼意思呢？請試著推測他的意圖。

102. 原註：順帶一提，像金錢（貨幣）這種以某種制度為基礎存在的東西，哲學上稱為「制度對象」，討論這類對象的領域稱為「社會存在論」。有興趣的讀者我提供一本書給大家參考：倉田剛，《將日常世界化作哲學：從存在論來討論》（『日常世界を哲学する——存在論からのアプローチ』，光文社，2019）。
103. 原註：「用實際不存在的『100 萬美元紙鈔』詐欺的男性嫌疑犯遭到逮捕」，朝日新聞，朝日新聞電子版，2017 年 8 月 17 日：https:// www.asahi.com/articles/ASK8H54SGK8HOIPE014.html（2022 年 7 月 11 日點閱）
104. 原註：根據前述的「查布里斯 & 西蒙斯《錯覺的科學》第 137 － 138 頁」的事例改寫。

文殊：這也是美國的事件，對吧？呣呣呣，難道他以為在臉上塗檸檬汁改變膚色，就可以讓自己看起來像亞洲人了嗎？

老師：你這想法也十分驚喜呢，我要誇獎你——但是，現實可是遠遠超乎你的想像。

文殊：吶吶吶，可以給我一點提示嗎？

老師：（吶吶吶？……）這個嘛，搶匪惠勒得知了「火烤顯色」這件事，竟成了他犯案的動機之一。

文殊：在臉上塗果汁，就可以火烤顯色？把臉靠近火源……？我開始有點混亂了。

老師：這題有點難，那麼我差不多要說答案了。用果汁在紙上寫的字會消失，但之後用火烤就會讓文字出現，這就是「火烤顯色」，這裡的重點在於「字會消失」這點。

問題 26 的解答

A　惠勒認為，如同果汁在紙上寫字後會消失一樣，只要在臉上塗果汁就可以讓臉變透明。

文殊：……不管怎樣說，實在沒辦法輕易想到這個答案，太令人驚訝了。

老師：確實如此，但就算如此天馬行空，只要聽到答案，大概都能理解對方到底打算要幹嘛——不覺得這件事還挺有趣的嗎？

早杉：聽完之後我有個想法，說到底，就算是這麼奇怪的意圖或動機，也還是可以讓人行動，想想這實在是讓人感到不可思議耶。

老師：喔～你還滿感性的耶。這不僅牽涉到心理學，也跟心理合理性與身心關係等哲學議題密切相關。

而到底什麼是直覺心理學？這是現代哲學家一直在熱烈討論的問題，相關話題則屬於「心理哲學」的研究領域。嗯，這方面也有非常棒的入門參考書，想更深入了解的人可參考我推薦的書目[105]。

105. 原註：金杉武司，《心理哲學入門》（『心の哲学入門』，勁草書房，2007）；信原幸弘編著，《關鍵字地圖：心理哲學》（『ワードマップ 心の哲学』，新曜社，2017）等書。

Lesson 5 總結

■因果關係(原因與結果的關係)極爲重要，也是科學與科技的基礎。

■有時很難單憑直覺就正確掌握因果關係，也要注意是否將因果關係搞反，或是透過熟慮，思考有無其他的可能性。

■直覺心理學是用直覺來理解人類的心理狀態，所以就會以因果關係爲基礎，來解釋人類的行動。多數情況都能用直覺解決，但偶爾也需要熟慮才行。

方便的神話

老師：話說回來，早杉是出雲人對吧，你知道日本神話中的大國主神嗎？

早杉：是出雲大社的主祀神對吧，祂和這次問題中出現的宙斯一樣，有很多子孫。啊，祂該不會也有類似的情況吧？

老師：讀完《天照大神的誕生》這本書之後，似乎正是如此沒錯[106]。在確立大和王權[107]，將「天照大神」[108]奉為皇室先祖之前，曾經存在過以「大國主神」[109]為眾神之王的時代，所以，那個時代有許多豪族試圖想要讓自己的祖先是大國主神，以提高自己的威權。

文殊：這裡就可清楚看出，與神明有關的神話，也常常反映出人類的現實情況呢。

106. 原註：溝口睦子，《天照大神的誕生：探詢古代王權的源流》第132－133頁（『アマテラスの誕生——古代王権の源流を探る』，岩波書店，2009）。
107. 編註：日本古墳時期，以大和地區（奈良縣）為中心君臨於西日本各地豪族聯合之上的聯合政權。
108. 編註：日本神話中的高天原統治者，在神道傳統上被奉為天皇及日本皇室的始祖。
109. 編註：日本八百萬神明的統治者，擁有日本建國之神、醫療之神、農業之神與戀愛之神等封號。

Lesson 6

好好應對容易混淆的因果關係

1

區別「相關關係」與「因果關係」

老師：早杉，你的臉色不太好耶，我正好在泡咖啡，你要喝嗎？文殊也請用，還有巧克力喔，雖然是別人送的。

早杉：喔，那我不客氣了。我這幾天很難入睡，身體超級不舒服，明明簡報已經順利結束了，原因到底在哪呢？

文殊：謝謝老師的咖啡和巧克力。失眠的原因有很多，像睡前還在滑手機，沒辦法簡單找出原因。

早杉：對啊對啊，在上一堂課中學到，可能弄反了因果關係，或是還有其他原因。但話說回來，我後來想想還是覺得很疑惑，到底怎麼做才能找出原因呢？像我肚子痛的原因，到底是因為喝了放太久的牛奶，還是因為簡報前太緊張了呢？

老師：嗯，也就是說，你想知道有沒有能正確掌握因果關係的方法，換句話說，就是「在建立因果關係的假設之後，接下來該怎麼驗證的問題」，對吧。

這是必然會有的問題，而且也非說明不可，但這個問題我們晚一點再說吧。因為關於因果關係，還有一個人類直覺特別容易出錯的類型還沒提到，我想先把這個類型說完。

文殊：是與「相關關係」混淆嗎？乍看之下以為是直接的因果關係，其實是兩者背後存在引發的共通原因。

早杉：等等！我還沒跟上這個話題，請等等我。不好意思，「相關關係」是什麼啊？

老師：哎呀，文殊你跑太快了，我先出題舉例，你再用這個問題來解說，這樣好嗎？

問題 27 餵母乳可以提升智商？[110]

在許多研究中皆已證實，用營養豐富的母奶養育小孩，可以爲嬰兒的健康帶來許多好處。那麼，母乳也會影響嬰兒的智商嗎？實際上確實有研究報告指出，喝母乳長大的小孩有智能商數（IQ）偏高的傾向。

——那麼，這樣是否可以導出「餵母乳可以提高孩子智商」的結論？

Lesson 6

文殊：好的，這個問題闡述了「餵母乳」與「IQ 高」之間存在某種關係，也就是「看到餵母乳這個現象的同時，也發現了喝母乳的小孩有 IQ 偏高的現象」，這就是「相關關係」。

早杉：但不就是因為喝母乳的關係，小孩子也變聰明了嗎？「因為喝母乳這個原因，出現了智商變高的結果」，因果關係就是這樣。

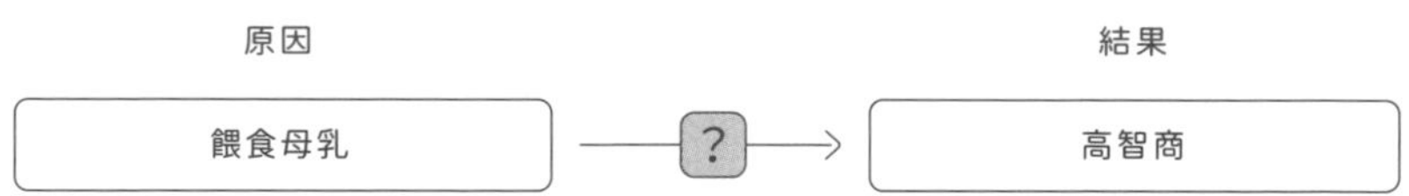

文殊：哎呀呀呀，你真的可以如此斷言嗎？

早杉：幹嘛啦，為什麼是用那種語氣……嗯，但在問題最後問說：「可以導出這樣的結論嗎？」這樣問的答案大多都是「不行」嘛。

110. 原註：由以下所舉的例子改寫：Manninen, B. A. (2018). False cause: Ignoring common cause. In R. Arp, S. Barbone, and M. Bruce, eds. *Bad Arguments: 100 of the Most Important Fallacies in Western Philosophy*. Wiley-Blackwell.

老師：是這樣沒錯啦，即使不是因果關係，也可以更進一步詢問「什麼才是正確的關係？」哎呀，這只是問題而已，文殊，可以麻煩你繼續解說嗎？

文殊：好的。舉例來說，如果是單親媽媽經濟狀況不佳，身兼好幾份工作忙得不可開交，無論如何都得把孩子送去給托嬰中心照顧，此時要用母乳餵小孩就變得非常困難。

相對於此，可以親餵母乳的女性，時間上大多比較寬裕，推測她的經濟狀況與社會地位可能也很不錯。重點是接下來的內容，這樣的女性也比較容易為自己的孩子準備一個有益智能發展的環境。

早杉：例如怎樣的環境？

老師：像是積極唸書給孩子聽，買兒童圖鑑給小孩讀，拿智育玩具給小孩玩，常常帶孩子去動物園或博物館，讓小孩學習許多才藝等等。

文殊：也就是說，可以這樣推測：「或許因為孩子過著對智育發展充滿刺激的生活，所以智商也跟著提升」，餵母乳本身不會提升小孩子的智商，但兩個現象的共同原因是「母親屬於經濟狀況佳的社會階層」，因此讓兩者間的「相關關係」得以成立。這樣解答可以嗎？

早杉：那我試著畫成圖示……和上次課程內容相比真是複雜多了。

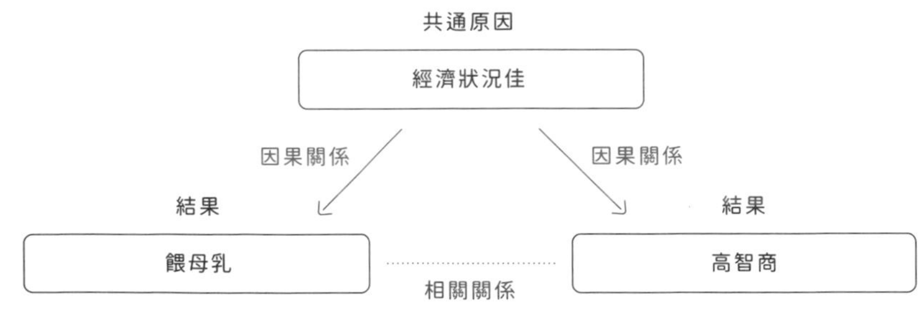

問題27的解答

A 沒辦法斷言「餵母乳是提升孩子智商的原因」，「經濟狀況佳」可能才是兩者的共通原因。因爲經濟狀況佳，母親不僅能親餵母乳，也能提供孩子提升智商的機會與環境，所以兩者之間出現了「相關關係」。

老師：文殊，謝謝你的解說。重點就在「共通原因」，它讓單純的相關關係被誤會成因果關係，這種容易讓人混淆的相關關係也被稱為「疑似關係」。「兩者之間若存在『相關關係』，那麼『因果關係』也有可能成立」，這樣推測也並不奇怪，但需要慎重以對，以免混淆[111]。

Lesson 6

慢思術18

「相關關係」不見得就是因果關係，要注意產生這兩種結果的「共通原因」。

早杉：也就是說，如果全交給「系統一」判斷，就會將原本只有相關關係的兩者解讀為因果關係，還有其他例子嗎？

文殊：荷蘭有一個知名的案例，「新生兒數量與白鸛的數量之間存在相關關係」[112]。這當然不是說，因為白鸛（又稱送子鳥）的數量減少，所以不會送小孩來啦，這是在講，它們背後的共通原因是「都市化加劇」。

老師：確實有過這個研究。因為都市化加劇，壓縮了白鸛的生存空間，而少子化的情況也變嚴重。另外，提到相關關係時，也常會說到「看見閃電，接著就會聽到雷聲」，於是就開始有人認為，閃電是引發打雷的原因。

111. 原註：因果關係從「A與B這兩個現象之間有並非單純偶然的關係」這一點上來看也是一種相關關係。但從相關關係中來看，A與B之間並非單純只是有些關係，而是有著「因為有A這個原因而引發了B這個結果」這樣特別的關係才能說因果關係。
112. 原註：Sapsford, R. and Jupp, V. eds. (2006). *Data Collection and Analysis*. Sage.

早杉：嗯？啊啊，雲層對地面的放電現象，是造成閃電和打雷的共通原因。沒有因果關係的相關關係中，都有類似這樣的共通原因嗎？

老師：也不完全是這樣，其實也有「單純偶然」的案例。剛剛問題 27 的參考文獻[113]中，也舉出了好幾個這樣的例子，像是「溺死於游泳池的人數，與尼可拉斯・凱吉[114]演出的電影數量之間存在相關關係」、「被床單纏繞勒死的人數和起司消費量之間也有關係」等等。這些話題雖然都很有趣，但我們就先講到這邊，繼續進行下一個主題吧[115]。

113. 原註：上述 Manninen (2019). False cause: Ignoring common cause.
114. 編註：Nicolas Cage，1964－，美國男演員和製片人，1995 年以《遠離賭城》奪得奧斯卡最佳男主角獎和金球獎劇情類電影最佳男主角。後陸續出演過不少電影，並以獨有的方法演技獲稱「邪典教主」。
115. 原註：以日本來說，例如「珍珠奶茶的流行與經濟不景氣之間有相關關係」就被說得煞有其事。這個話題當然只是一時的潮流，但在日本，珍珠奶茶至今已有過三次大流行，第一次流行（1992 年）時剛好出現日本泡沫經濟，第二次流行（2008 年）剛好碰到世界金融危機，第三次流行（2019 年）剛好碰到了新冠疫情大爆發，由此可見，每次流行都正好碰到了經濟不景氣的時候。

找出共通原因的訓練

老師：那麼，我們接在問題 27 之後，來進行避免混淆單純的相關關係與因果關係的練習吧。以下問題是參考理查德・E・尼斯貝特《智慧成形》這本書的內容[116]。

Lesson 6

問題 28 學券的效果

學券是一種直接發給家長的優惠券，可以用來折抵私立學校的學費，以達到減輕學費負擔、增加學校選項的政策。

但這種學券制度對於提升孩子的學力具有多少效果呢？爲了解眞相，於是招募了自願者發予學券，並進行「領取學券的學生」與「未領取學券的學生」兩者間的學力比較。結果發現，前者入學之後到高年級爲止，學力提升幅度大大超過後者。

因此可以作出「這個政策有提升學力效果」的結論。

關於這個主張——

(1) 兩者之間可以推測出怎樣的因果關係？

(2) 試想與 (1) 不同的其他可能，但要排除「純屬偶然」的假設。

文殊：這個問題還包含了「誘導」呢，好貼心的問題設計。

早杉：首先回答（1）之後，再思考（2）。領取學券的孩子比沒領取學券的孩子，學力上升幅度更高，所以根據驗證結果，主張這個政策是有效的。

116. 原註：查德・E・尼斯貝特（Richard E. Nisbett），《智慧成形：到底決定於基因還是環境》，第75－77頁（『頭のでき――決めるのは遺伝か、環境か』，水谷淳譯，ダイヤモンド社，2017）。

老師：如果以因果關係來描述，結果會變怎樣？

早杉：是的，「因為給予了學券，所以產生了學力提升的結果」，可以推測出這樣的因果關係。

文殊：（2）要問的是「這或許並不正確，也許還有其他的可能」。直覺會讓人覺得（1）好像是對的，但跟之前一樣，先否定這個答案，進行一下熟慮思考吧。

老師：是的，其實這很可能是把單純的相關關係與因果關係混淆了。

早杉：「領取學券」與「學力提升」之間可能有相關關係，但沒有因果關係。若是如此，就要注意可能引發這兩種現象的共通原因。雖然這是老師剛剛才教的慢思術，但是……

老師：嗯，想不出共通原因是嗎？雖然希望大家可以發揮想像力，但先按照之前說過的步驟，從「重新確認題目條件」開始做起吧。

文殊：提示，「請問他們是如何尋找領取學券的對象呢？」

早杉：這個嘛，就是問題中說的「招募自願者」，但這種募集方法很平常啊，會有什麼問題嗎？

老師：你再讀一下前面的敘述，實際上領取學券的是誰？

早杉：學生家長，是家長想要領取學券。

文殊：就是這一點！你認為這些人是怎樣的家長？

早杉：他們當然是希望自己的孩子可以接受更好的教育啊……感覺跟剛剛的母乳和智商的問題越來越像了，這就是共通原因啊？

老師：呵呵，你終於發現了，那我們畫成圖示吧。

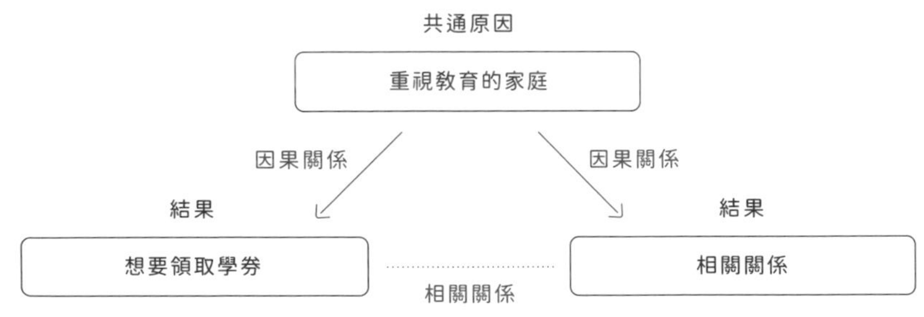

文殊：那我把答案寫成文章。

A

問題 28 的解答

(1) 能推測出「因爲發放學券，所以產生學力提升的結果」這種因果關係。

(2) 也可以提出這樣的假設，「想要領取學券與孩子的學力提升，是由重視教育的家庭這個共通原因所造成的現象」。此時，兩者之間就不是因果關係，而是單純的相關關係。

早杉：話說回來，為什麼要和沒有領取學券的孩子作比較啊？

文殊：因為就算沒有學券可領也能提升學力啊，但他們的目的是要驗證「多虧有了學券才讓孩子的學力提升」，所以才需要作這樣的比較。

老師：這個疑問與剛剛早杉提出的「到底該怎麼做才能正確找出原因」的疑問有非常密切的關係。這個問題相當重要，我們在 Lesson 8 會再詳細說明，請耐心等候。那麼，乘勝追擊，我們再來練習一題相同結構的問題吧。

問題 29 東京將人逼上絕境

有好多同學在高中畢業後離開老家前往東京。

之後到東京來的人，包含我自己在內，多數都遇到了無法承受的精神危機，有人從大學休學，有人辭掉了工作，甚至還有人自殺。

也就是說，東京這個都市會把人逼上絕路。

關於這個主張——

(1) 可以推測出怎樣的因果關係？

(2) 試想與 (1) 不同的其他可能，但要排除「純屬偶然」的假設。

早杉：好，（1）我馬上就能回答。「因為東京的緣故，所以造成了精神衰弱」，因果關係的推測會是這樣，用自動模式思考也感覺應該是正確的。

老師：嗯，問題在於（2），這又該怎麼思考呢？

早杉：或許可以這樣思考——來到東京之後遇到了精神上的危機，但這只是單純的相關關係，而非因果關係，背後可能存在什麼共通原因，所以引發了這兩個現象。

老師：不錯喔，就是這樣，然後呢？

早杉：再來總是最困難的啊！來到東京，精神狀態也同時變差的原因……

文殊：老師，「精神上原本就已經處在危機狀態，所以才想離開老家，前往東京」這個假設如何？舉例來說，像是對老家的人際關係感到疲憊，很想離開，去到一個沒有人認識自己的地方。

老師：我們上一堂課有提到「因果關係相反」的案例，因為對人際關係感到疲憊而讓精神受創，所以才想要前往東京，期許事情能夠有所好轉。嗯，這個想法不錯，但問題是第二段寫出了「之後」，所以基本設定是「前往東京之後，才出現了精神上的危機」。

文殊：原來如此，兩個字就排除了我的假設，我只是想再確認一下。

早杉：但我也是這樣耶，我到東京念大學之後，直到放暑假前曾一度感覺非常不安，因為第一個學期轉眼間就結束了，感覺這樣下去很快就要畢業了，一想到就業的事情或將來該怎麼辦，就開始變得非常焦慮。

老師：早杉青年也曾經有過那麼多煩惱啊，機會難得，我們就以「青年期」為關鍵字，來重新思考這個問題的共通原因吧。

早杉：好的……首先，因為是青年期，所以常會碰到精神上的危機，就像剛剛我提到的一樣，對未來會感到不安。接下來就是前往東京這件事，這也正好在進入青年期的階段，也是剛從高中畢業，為了升學或就業，離開老家到東京的時期？

文殊：感覺不錯喔，共通原因就是「正好進入青年期」！

老師：想到這邊就 OK 了，其他還有各種假設，希望大家可以再想想看。

問題 29 的解答

⑴ 可以推測出這樣的因果關係：因爲前往東京，結果引發了精神上的危機。

⑵ 可以建立這樣的假設：前往東京與精神危機，都是由於「進入青年期」這個共通原因所引發的現象。此時，兩者之間沒有因果關係，只是單純的相關關係（這並非唯一的答案，還有其他不同的假設存在）。

文殊：但話說回來，相關關係的共通原因，應該也有難以判斷的時候吧。

早杉：若想像力不足或不具備相關知識，有時根本想不出原因是什麼。

老師：根據案例的不同，確實可能會這樣，關於這點，我們就用下面這個例子來稍作補足。

STEP UP　是什麼決定了一個群體的個性？[117]

自然人類學者柯瑞・芬奇（Corey Fincher）與進化心理學家藍迪・托恩希爾（Randy Thornhill）針對人類的群體個性形成原因有以下發現。群體個性與群體所在的緯度，也就是與赤道或極地的遠近之間存在相關關係。

住在赤道附近，擁有相同語言的多數共同體規模較小，個性比較內向，但有團結力較強的傾向。因為以群體團結為優先，從這個意義上來說，這類個性可稱為「集體主義」。

但隨著群體的所在地，開始從赤道附近逐漸移往高緯度的極地，擁有相同語言的群體規模也隨之變大，個性也變得更外向。相較於集團整

117. 原註：參考「羅賓・鄧巴（Robin Dunbar），《解開人類進化之謎》第 261 – 263 頁（『人類進化の謎を解き明かす』，鍛原多惠子譯，インターシフト，2016」的描述改寫。

體，他們更重視個人，有強烈的「個人主義」傾向。此外，靠近極地的地區，傳統宗教也比較活躍，信眾數量也更多。

但為什麼群體的個性會與緯度有關？
提示：從氣候上來看，赤道附近的區域具有什麼特性？

——赤道附近和熱帶雨林的區域重疊，而熱帶是未知疾病的溫床，這就是關鍵所在。在這樣的區域中，為了避免疾病傳染的風險，減少與其他群體間的交流就是一種有效的策略。取消交流，特別是迴避通婚的結果，就讓擁有相同語言的群體維持在小規模、高團結力的狀態，這也是赤道附近的群體為何會出現「集體主義」的主因。

而在高緯度地區，特別是越靠近極地的地方，未知疾病造成的健康風險較低，雖然也並非完全沒有風險，但與其他群體交流的好處，遠高於疾病傳染的壞處，因此造就了大規模、外向的群體出現。但為了降低因群體規模變大而形成的緊張感，宗教儀式便承擔起紓緩的作用，這不僅讓信眾人數開始增加，人的包容度提升與社交網擴大，也成了群體個性外向的原因之一。但在這樣的群體中，團結力也相對鬆散，於是出現了強烈的「個人主義」傾向。

如上所述，其實「疾病風險」才是讓緯度與群體個性之間產生相關關係的主要原因，讀者們是否都發現了呢？

老師： 在我撰寫本書的2022年2月，世界仍然籠罩在新冠肺炎（COVID-19）的疫情之中，所以人們都盡量避免直接的交流，就算要面對面接觸，也會盡可能減少聚集人數。在這種情況下，就會讓人容易聯想傳染病風險這個主要原因，但這種情況也確實無法令人感到開心就是。

早杉：……老師怎麼突然開始自言自語，他在對誰說話啊？

文殊：老師偶爾會這樣，就讓他繼續說下去吧。

老師：另一方面，在疫情緩和後才閱讀本書的讀者，或許比較難想到這個原因。因此我們可以知道，身處的情況與環境可以促進知識的運用，但也可能限制我們的想像。

3

試著驗證魔咒或都市傳說

文殊：誤將單純的相關關係當作因果關係，這樣的練習差不多都結束了嗎？

老師：差不多了，但與因果關係相關的錯誤，我還想再舉一個例子。所以，還處在青年期的早杉同學，請試著回答下面這個問題吧。

問題 30 ｜ 戀愛詛咒

造成情侶分手的知名詛咒，發現具有地區性特色，例如：

- 在井之頭公園一起划船的情侶會分手（東京）
- 情侶一起搭梅田的摩天輪會分手（大阪）
- 去名古屋港水族館約會就會分手（愛知）
- 情侶一起去看札幌的燈飾會分手（北海道）

不過這類詛咒也並非百分之百都會讓人分手。

但這些詛咒之所以會出現，可見現實中一起搭船、坐摩天輪或去水族館玩的情侶，有很大比例都會分手。

——那麼，眞的可以認爲「因爲在特定場所做了特定行爲，就會讓情侶容易分手」嗎？

早杉：哇～也有情侶一起去出雲大社參拜就會分手的詛咒喔！那裡明明是求姻緣的神社耶，但這類詛咒全日本到處都有。

老師：嗯，「全日本都有」或許是個關鍵喔。

文殊：這題要問的是「因為在井之頭公園划船而導致情侶分手，這樣的因果關係是否正確」，但這不管怎麼想都不對吧！早杉，你認為呢？

早杉：因為一起去划船、看花燈，結果吵架，然後分手？

老師：應該也有這樣的情況，但如此一來，分手的原因終究還是吵架。不過這題想問的是，「搭乘某種設施或前往某個特定場所，這樣的行為能否成為分手的原因」。

早杉：那根本就是詛咒或鬼神作祟了吧！如果是問，實際上是否存在這樣的因果關係，我覺得應該沒有……但是老師剛剛說，「全日本都有」或許會是關鍵，這是什麼意思？

老師：也就是不要只把焦點擺在每對情侶上，要把所有的情侶當作一個整體，如此一來，應該就會發現一個統計的問題，這跟我們 Lesson 3 第一個提到的慢思術有關。

文殊：忘記了嗎？就是「要好好考慮基本比率」。

早杉：喔，大概是老師的咖啡終於發揮效用了，我瞬間就想起來了！基本比率，也就是「原本的比例」。

老師教我們，「要注意忽視基本比率，只靠直覺作判斷的傾向」。

老師：在 Lesson 3 的「華子同學就讀的科系是經濟或美術史」這個問題中，我們曾提到基本比率。學經濟的學生比例本來就壓倒性地高，若忽視這點，只根據華子同學的描述作判斷，就會想回答「美術史」，這就是代表性偏誤造成的結果。

早杉：也就是說，這個問題要考慮的是「全體情侶」這個集團中的基本比率。

文殊：沒錯沒錯，接下來不必提示也能辦到了吧。

早杉：唔唔，但要看什麼比率啊？原本的……情侶的傾向……整體的分手……？

老師：方向沒錯，但你的思緒看起來還沒有整理好，只要注意「有不小比例的情侶會分手」這點就好，接下來請用文字好好說明吧。

早杉：原來如此，我試試看。

問題 30 的解答

我們可以建立這樣的假設，「情侶分手的比例本來就很高，所以搭乘詛咒設施或前往詛咒地點的情侶，也有一定程度的分手比例」，因此難以認定詛咒這個行爲本身，就是導致情侶分手的原因。

老師：喔喔，很厲害喔，寫得非常不錯。那麼請把現在的討論看作一個慢思考的秘訣，然後作個總結吧。

慢思術 19

思考因果關係時，也要注意是否忽視了基本比率，因爲人經常會將結果歸咎於「某個特別的原因」。

早杉：感覺有許多詛咒或都市傳說，都可以用基本比率說明耶[118]。

老師：被稱為「莫非定律」[119]的事件中，也有可以套用這個理論的案例。「可能失敗的事情絕對會失敗」，這就是莫非定律的基本型態，例如「在超市排隊結帳時，自己這排總是比別人那排前進得還要慢」等等。

文殊：「前進慢」就表示有很多人排隊，所以「前進慢」的隊伍和「前進快」的隊伍相比，慢隊伍的人數比率就會比較大。因此，我們排到基本比率高、也就是慢隊伍的可能性，無論如何都會變高。

老師：沒錯沒錯，這個定律看似在開玩笑，但實際考慮基本比率後，很多情況都能得到說明，甚至也可能讓莫非定律成真。此外，這類詛咒或都市傳說之所會被流傳下來，有一說是跟「確認偏誤」有關，上一堂課我們也有稍微提到確認偏誤。

POINT｜確認偏誤

人類對於自己相信的事、想要相信的事，會把注意力全都放在「確切證據」，也就是顯示其正確的案例上，並對顯示其錯誤的案例（稱為「證偽」）視而不見，這就是所謂的「確認偏誤」。

118. 原註：其他的例子像是，關西某個職棒球團，如果在開季時賽績不錯，常會有電視臺替他們製作特別節目，但聽說有個詛咒是，「若有電視臺製作特別節目，那一年就無法得到冠軍」。但事實上，該球團原本就沒有奪冠經驗（這就是基本比率），所以這與是否製作特別節目無關，只要用「無法奪冠本來就很正常」就能解釋。
119. 原註：根據傳說，這是由來自1949年於美國空軍基地工作的工程師E．A．莫非（E A Murphy），接著在之後廣為人知。日本也在1990年代蔚為風行。只要當成將所謂「常見之事」幽默地用「定律」來表現的一種玩笑就可以，「麵包塗上奶油的那一面朝下掉落的機率，與地毯價位成正比」常被當成知名的例子來舉例。

確認偏誤也是直覺性思考「系統一」的產物，確認偏誤不僅與詛咒和都市傳說有關，也和本書最後一堂課會提到的「偽科學」（偽裝成科學的假科學）、「反科學」（或稱科學否定），以及「陰謀論」等現象密切相關。

老師：只要出現確認偏誤，就會一直關注詛咒成真的案例，一聽到去划船的情侶剛好分手就會說：「看吧，那個魔咒果然是真的。」然後強化自己的信念。但一聽到詛咒沒有應驗，也就是出現「證偽」的狀況，就會選擇視而不見。

早杉：詛咒和都市傳說就是這樣流傳下來的啊。

——這種還算可愛，但其中也存在偽科學或與陰謀論相關的例子嗎？

文殊：這在最後一堂課會討論。

老師：是的，在 Lesson 10 中，我們會練習如何看穿偽科學與陰謀論，了解那些相信的人，又是陷入了怎樣的確認偏誤。所以，在那之前還請靜心等待，在此我先就一般狀況提醒大家多加注意。

（再提）慢思術 16

越是想要相信的假設，越要注意「確認偏誤」。

因果關係的總結

老師：終於要針對因果關係做總結了，我把至今提到的、容易弄錯的因果關係類型整理如下。

POINT 容易弄錯的因果關係類型

※「→」表示因果關係的方向

① **因果關係相反**

並非A→B，而是B→A才正確。

② **存在其他原因**

並非A→B，而是C→B才正確（C和A無關）。

③ **因為共通原因， 而將相關關係與因果關係混淆**

並非A→B，而是存在共通原因的C，

C→A、C→B才正確。

因此，A與B之間產生相關關係。

④ **單純的偶然**

雖然並非A→B，但A與B之間有相關關係，

不過這完全是偶然產生的。

⑤ **忽視基本比率**

雖然A→B不成立，但考慮基本比率之後理所當然會觀察到，

在A之後會出現B的傾向。

雖然對大方向沒有影響，但我要先提醒一下，上述①到⑤不見得完全獨立，例如會有這種情況：有時②和④會同時出現，一部分的⑤與③有相關關係。另外，①之中也有A和B互為原因的複雜狀況存在，但本書並未詳述。

老師：那麼我們將這份清單輸入「系統二」之後，再用一個問題來確認一下結果。這個問題是改編自友野典男《行動經濟學》中的一個例子[120]，這本書是以一般民眾為目標讀者，在相當較早的時期出版的行動經濟學書籍（2006年出版）。

問題 31 ｜ 刷牙與成功

99.8%的企業經營者每天都會確實刷牙。

只要保持牙齒健康，在關鍵時刻就可以咬緊牙根努力下去，所以他們才有辦法成功。所以說，刷牙是成功之母。

關於這個主張——

(1) 可以推測出怎樣的因果關係？

(2) 試想與(1)不同的其他可能，但要排除「純屬偶然」的假設。

早杉：（1）就跟先前的問題一樣，因果關係是「刷牙這個原因，產生了成功這個結果」。

老師：是的，那麼關於（2），試著思考一下其他的假設吧。

120. 原註：友野典男，《行動經濟學：經濟因「感情」活動》，第82頁（『行動経済学——経済は「感情」で動いている』，光文社，2006）。

早杉：首先，用剛剛統整的「①因果關係相反」來試試看。如果可以解釋成「因為成功了，所以才開始刷牙」就好了。成為經營者之後，與他人見面的機會變多，也注意起了健康，所以才開始好好刷牙——這個假設如何？

老師：嗯，這個假設也說得通，還有嗎？

早杉：若用這堂課的主題，「③因為共通原因，而將相關關係與因果關係混淆」來思考，答案就會是先前已經多次出現過的「家庭環境影響」，對吧。

共通原因就是，「有能力可以好好教養小孩的富裕家庭」，這也一定可以讓孩子養成刷牙習慣，這類家庭出身的人，也比較容易成為經營者，像是他們比較願意在孩子的教育上花錢，或讓孩子繼承父母經營的公司……等等。

文殊：我也想到一個家庭環境以外的假設，因為經營者本人個性踏實，容易養成良好的生活習慣，所以會好好刷牙，於是就能穩健地邁向成功——

老師：兩種假設都不錯呢。但不管怎樣，刷牙習慣和成功之間並無因果關係，只是單純的相關關係。順帶一提，即使發現兩者之間有所關聯，但正如問題中一再強調的，若答案是「④單純的偶然」，那就會沒完沒了，所以請務必排除偶然因素。

早杉：另外，用「⑤忽視基本比率」的方向也能立刻想出另一種假設，「原本就有將近 100% 的人會刷牙」。

老師：不錯喔，做了這麼多練習，答題的速度也越來越快了。那還剩下「②存在其他原因」這個方向，但這個方向比較困難，結果通常都會變成「④單純的偶然」，所以在此就先省略。那麼，今天的課就先上到這邊。

問題31的解答

⑴ 的因果關係是「因爲刷牙的習慣，所以帶來了工作上的成就」。

⑵ 成爲經營者之後，開始重視外貌打扮與生活習慣，因此養成了刷牙的習慣（因果關係相反）。

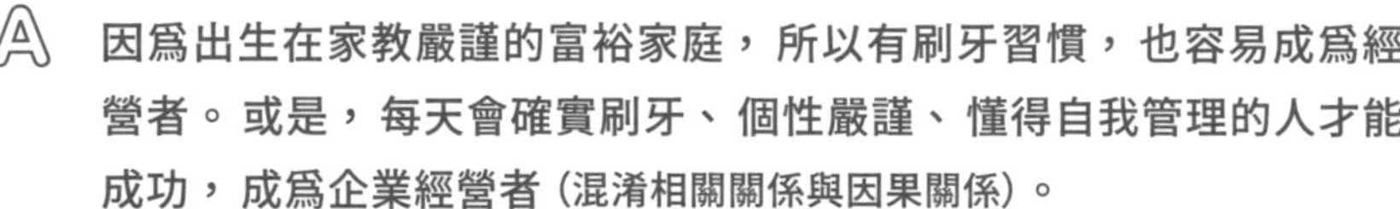

A 因爲出生在家教嚴謹的富裕家庭，所以有刷牙習慣，也容易成爲經營者。或是，每天會確實刷牙、個性嚴謹、懂得自我管理的人才能成功，成爲企業經營者（混淆相關關係與因果關係）。

因爲幾乎所有人都有刷牙習慣（忽視基本比率），所以跟是否爲經營者無關。

Lesson 6 總結

- **將單純的「相關關係」與「因果關係」混淆的錯誤經常出現，要注意背後造就這種相關關係的「共通原因」。**
- **看起來好像有「因果關係」，一旦考量「基本比」率就能快速釐清眞相，這種情況經常出現在詛咒或都市傳說的案例中，也要注意「確認偏誤」的發生。**
- **只要明白容易搞錯的類型，就能快速建立「因果關係」的各種假設。**

直覺與詛咒之間
存在的意外關係

老師：話說回來，這次提到戀愛詛咒時，早杉曾說到「詛咒或神鬼作祟」，這其實與某個有趣的論點密切相關喔。回看人類的歷史就會知道，因果關係與「咒術的世界觀」關係密切。

早杉：你不覺得「咒術」念起來好饒舌，但「咒術的世界觀」又是什麼意思？

老師：它的基礎設定是，「在這個世界中，類似的事物之間都存在因果關係」，所以讓咒術才會成真。最典型的例子就是「詛咒稻草人」，只要在人型物體上打釘子，就能實際給人造成傷害，這種想法「聯想性」極強，也是「系統一」容易出現的狀況。

文殊：雖然跟詛咒是全然不同的方向，但「疾病治療」與「促進健康」的相關領域也有類似的想法 例如「番茄是紅色的而且有四個隔間，所以吃番茄可以預防心臟病」或「薑黃是黃色的，所以可以治療黃疸[121]」等等，直到十八世紀，西方對這個「藥效形象說」的思想依舊深信不疑。

早杉：我曾聽過「吃核桃可以改善認知機能」，難道這也是因為核桃的樣子跟大腦很像嗎？這類事情對直覺來說，感覺也很容易明瞭。

老師：應該也是能攝取到一些營養吧。說到食物，現代人也還存有類似這類咒術的想法喔，舉一個有點奇怪的例子。有研究指出，美國的知名大學中，竟有不少學生覺得「吃烏龜的人很會游泳」。

文殊：平克在《暴力的人類史》裡也曾介紹過這個例子[122]。

121. 原註：黃疸是因為血漿中的膽汁濃度上升，導致皮膚等部位呈現黃色的症狀。
122. 原註：史蒂芬．平克，《暴力的人類史》下卷，第154頁(『暴力の人類史』，幾島幸子、鹽原通緒譯，青土社，2015)。

老師：你記得真是清楚。沒錯沒錯，平克在書中也提到了咒術的相關內容，那就是古代人為何偶爾會舉行宗教儀式，用活人獻祭[123]。對古代人來說，這世界充滿了飢餓、疾病、災害與戰爭，非常糟糕，所以要想辦法討神明歡心才行，於是就聯想到「活人獻祭」或許能討神明歡心吧……

早杉：為什麼不是牛或羊，而要犧牲人類呢？

文殊：因為他們認為，創造出這種世界的也是神明，那麼，祂們到底是怎樣的神明呢？既然創造出這麼糟糕的世界，肯定喜歡見到人類痛苦、看見人類流血，所以這個「活祭品」就非得是人類不可。

這根本就一個「被殘酷的神明控制」的故事。

早杉：哎呀，會想出怎樣的因果關係如何，真的是與我們如何看待這世界有直接關係耶。我明白了！「咒術的世界觀」就是這種想法的一種表現。

老師：如同我在上一堂課提過的，人類對世界認知的發展，也是一段如何掌握因果關係的歷史。在這段漫長的歷史中，以科學作為掌握因果關係的做法，是直到近代才被明確看清並接受的。

它的核心想法就是不要仰賴直覺，而是要好好設計實驗、詳實調查、確實執行，接著才能找出「什麼樣的原因，會引發怎樣的結果與現象」，這個我們在 Lesson 8 之後也會再詳細討論。

123. 原註：同上，上卷第254－257頁。不過，這並非平克的原始說明，而是引用政治學者詹姆斯．佩恩（James Payne）的話。

Lesson 7

思考嶄新的
解決方法

1

何謂兩難？

老師：我們花了兩堂課講因果關係，接下來要說什麼呢？要繼續講因果關係相關的話題？還是穿插一堂熟慮的課，再講些處理含糊不清與詭辯的例子，把焦點放在「系統二」的使用訓練上？但如果繼續因果關係的話題，也會非常接近手動模式就是了。

早杉：這個嘛……好煩惱喔，感覺不管選擇哪邊，肯定都會很辛苦。

文殊：這也是所謂「兩難」的狀況呢，在兩個選項之中，煩惱不知道該選哪一個好。

文書：喔，文殊你這個評論很不錯喔。其實我在熟慮課中準備的話題，就是「兩難」。既然你都這樣說了，那我們就來上熟慮吧。

早杉：感覺好像在我搞不清楚狀況的時候就決定好了，但話說回來，兩難到底是什麼呢？

POINT　兩難

兩難（Dilemma）就是，「面對兩個選項時，陷入不管選擇哪一個結果都不符期望的狀況」，有時也單純指困難的局面，但在此只要想成，因為面對非常嚴峻的兩個選項（二選一），而陷入進退兩難的困境就可以了。

語源為古希臘語的「兩個」（di）和「假設、命題」（lemma），正如字面所示，表現出陷入左右為難的狀況，不知如何從A、B兩個選項中作選擇。

不管選擇哪條路都有猛獸……

更進一步說明，在傳統的邏輯學當中，將議論對手逼入這種苦境中的辯論方法也稱為兩難，也可翻成「兩難推理」，但本書提到的兩難，單純是指「陷入困難的二選一狀況」。

老師：因為這種兩難經常在人類的各種活動中出現，歷史上也累積了大量的研究資料，接下來我會用具體的例子說明。

文殊：這也是承襲自古希臘的傳統呢，在邏輯學與辯論術中，兩難也是常被拿來討論的主題，亞里斯多德的著作中也曾討論過。

早杉：原來如此，這種狀況就叫「兩難」啊。不想選 A 也不想選 B，但非得擇一不可，實在讓人覺得「到底該怎麼辦才好」。

老師：嗯，首先得先弄清楚，自己陷在什麼兩難的狀況中。

再將兩難的情況寫成邏輯的思考流程，也就是利用「多個前提來推導出結論」，將狀況明確地寫出來，大多如同以下這種結構。

前提一：選項只有A或B。

前提二：選擇A，結果不合預期。

前提三：選擇B，結果不合預期。

結論：因此，不管選擇A或B，都只會得到不合預期的結果。

早杉：總覺得這種狀況實在叫人絕望耶，但總該想想辦法才行。

老師：沒錯沒錯，即使如此也要找到應對方法，而方法之一，就是找出「其實這個推論並不正確」的證據。

早杉：感覺要進入熟慮的討論了呢……這種時候就是先思考「前提或許不是正確的」，是嗎？

老師：喔，頭腦很靈光喔，就是這麼一回事。

先懷疑前提一，思考「選項或許不只A和B，可能也有第三個選項C」，接著思考讓前提二或是前提三不成立的手段，也就是尋找方法來避開「不管選A或B都只會得到不合預期的結果」。然後就是……咦？還有什麼應對方法啊？

文殊：還有一個，雖然在這個推論中看不出來，但還有一個做法，那就是否定「被迫選擇」這個前提。

老師：對，就是這個，也可以「放棄選擇」。

早杉：可以這樣做嗎？雖然我不清楚這到底該怎麼做。

老師：嗯，文殊說的應對方法，用例子來說明會比較好懂。所以，我們差不多要進入兩難的具體論述了。在此之前，我先用圖示整理一下剛剛提到的三個應對方法。

POINT 應對兩難的方法

應對方法 ①

先懷疑「只有兩個選項」這個前提，尋找第三個選項。考慮除了選項A、B之外，也有選項C的可能性。

仔細觀察，發現還有另一條路！

應對方法 ②

找出方法，讓自己即使選擇其中一個選項，也不會產生不合預期的結果。舉例來說，思考一下有沒有什麼手段，即使選擇A也不會發生任何問題。

原本以爲是老虎，仔細觀察後發現是貓咪！

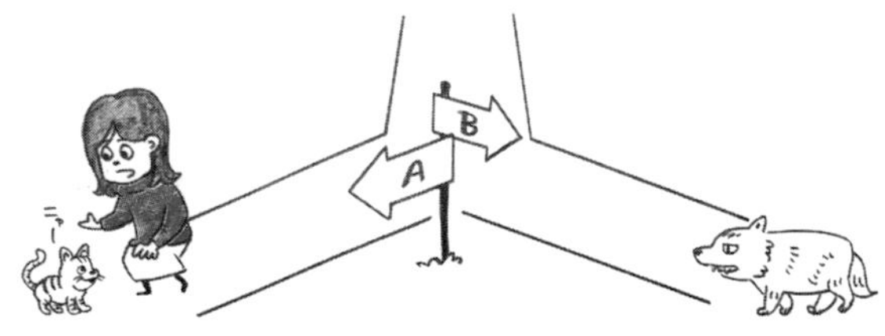

Lesson 7

應對方法 ③

破壞「被迫面對困難選擇」這個前提，放棄作出選擇，也就是全盤否定兩難的狀況。

放棄勉強前進，原路折返！

2 尋找第三個選項——應對方法①

老師：那麼，接下來會介紹兩難的具體實例，並解說其應對方法，這也是參考前述野崎昭弘《詭辯邏輯學》中的例子來設計的問題[124]。

問題 32 路德遇到的狀況

德國神學家馬丁‧路德(Martin Luther)(1483～1546)於十六世紀前半發起了宗教改革運動，因爲這場運動，基督教分裂成「羅馬天主教會」與「基督新教」兩大組織，造成這個結果的原因之一，就是路德嚴厲批評了羅馬教廷的腐敗狀況。

當時，羅馬教廷爲了籌措資金建造聖彼得大教堂[125]，開始販售能夠赦免自己、甚至是父母兄弟罪惡的「贖罪券」。1517年，路德提出《九十五條論綱》抗議抨擊這項做法，羅馬教廷將路德的主張視爲挑釁，並召開審判，逼迫他作出選擇：「全面撤銷自己的言論，並遵從羅馬教廷的指示」或「歸順惡魔」。

關於這個案例——

(1) 請說明路德處在什麼樣的兩難情況。

(2) 請說明路德如何應對這個兩難情況。

124. 原註：野崎昭弘，《詭辯邏輯學 改版》，第44－46頁（『詭弁論理学 改版』，中央公論新社，1976／2017）。
125. 編註：梵蒂岡的天主教宗座聖殿，建於1506年至1626年，為天主教會重要的象徵之一。

早杉：哎呀，教廷也會做出這種不知廉恥的買賣耶。

文殊：這就是所謂的免罪符啦。

老師：沒錯沒錯，「只要付錢，你跟你的家人都不必下地獄」。雖然這個題目出自一個重大又知名的歷史事件，但無論如何，先試著將這個狀況的兩難之處說明清楚，這就是（1）的問題。

慢思術 ⑳

被迫面對困難抉擇時，要將「兩難」架構說清楚。

早杉：這個嘛，路德被迫面對相當困難的二選一局面……問題中提到的「歸順惡魔」是什麼意思啊？

老師：就是被開除教籍的意思，也就是教廷公開宣布他不再是基督教徒。

早杉：啊啊，但再怎麼說，路德都不可能捨棄基督教信仰吧？所以說，答案就是以下 A、B 兩個選項。

選項A：全面撤銷自己的言論（遵從羅馬教廷）。

選項B：捨棄（基督教）信仰（歸順惡魔）。

老師：嗯，這就是構成路德兩難局面的兩個選項，因為路德是打從心底希望教廷有所改革，所以不想選 A 撤言論，同時他也自負是一個真正的基督教徒，所以當然也不可能選 B。那麼，他該如何應對這個兩難局面呢？這就是（2）的問題。

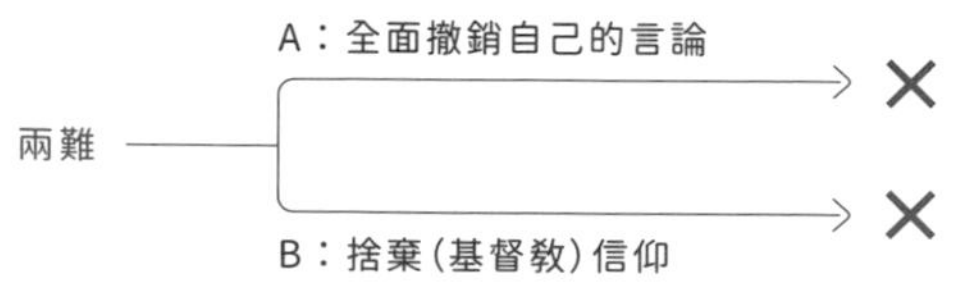

早杉：嗯～～總之從事件的發展上來看，他似乎使用了應對方法①，因為兩個選項都只會帶來不合預期的結果，所以他開始尋找第三個選項……但我的頭腦有點打結了，什麼法子都想不到～

文殊：我說啊，此時就要照標準程序，重新閱讀問題、確認條件——你確認了嗎？

在第一段中提到，路德等人在推動宗教改革的過程中，基督教分裂成「羅馬天主教會」與「基督新教」兩大團體，重點就在這裡。

老師：也有人用「舊教」與「新教」來區分，不過可能需要具備這方面的相關知識才比較容易思考，你覺得如何？

早杉：新教、新教、新……教……？……原來如此！如果用職業摔角[126]來說明，就是創立一個全新的團體！第三個選項就是：自己創立一個全新的基督教團體，這樣既可以不遵從羅馬教廷，也能保有他的信仰！

老師：早杉同學，雖然「職業摔角新團體」的想法，讓人難以想像你已經出社會第二年了，但你答對了。雖然你的思考過程有點神秘，但或許也可說是一種自動模式吧。

Lesson 7

A：問題32的答案

A

⑴ 路德身處的兩難狀況是：「遵從羅馬教廷，全面撤銷自己的言論」與「不撤銷言論遭開除教籍，被視爲歸順惡魔」。

⑵ 路德處理兩難局面的做法是：兩者皆不選，以第三個選項「創立全新的基督新教」來應對。

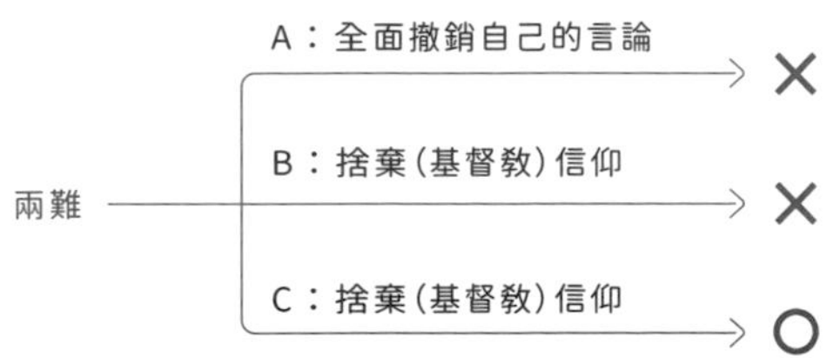

126. 編註：「職業摔角」（プロレス）與「新教」（プロテスタント）的日文發音接近。

文殊：羅馬教廷應該也沒有想到，路德竟會採取這種手段吧。

老師：他們可能還在想，「我們可是把路德逼入了兩難局面」，從這層意義上來看，這是一個「沒有發現其他選項存在」的例子。但世上也有這樣的例子，那就是「故意創造看似只有兩種選項，卻誘導對方作出對自己有利的選擇」。

問題 33 逼迫大家作選擇的小布希總統[127]

2001年9月11日，美國同時發生多起恐怖攻擊事件，當時的喬治·沃克·布希[128]總統爲了尋求各國的贊同與協助，對各國如此呼籲。

「所有地區的所有國家都要在此刻作出決定：支持我們？或是支持恐怖分子？」

——請試著用兩難的觀點說明：小布希透過這段發言想要如何誘導各國？

文殊：之後，美國就發動了阿富汗戰爭[129]與伊拉克戰爭[130]，也就是他們踏出反恐戰爭的第一步。

老師：嗯，小布希前總統的這段發言象徵一個歷史的轉捩點，但他在這個呼籲中也設下了一個機關，你看得出來嗎？

早杉：這也是一種兩難嗎？若是這樣就會有兩個選項，對吧？

127. 原註：參考資料Culver, J. (2018). False dilemma. In R. Arp, S. Barbone, and M. Bruce, eds. *Bad Arguments:100 of the Most Important Fallacies in Western Philosophy.* Wiley-Blackwell.
128. 編註：George Walker Bush，1946－，第43任美國總統。
129. 編註：2001－2021，美國帶領北大西洋公約組織等盟友組成的聯軍，以逮捕奧薩瑪·賓·拉登（Osama bin Laden）為由入侵阿富汗，與阿富汗蓋達組織和塔利班爆發的戰爭。
130. 編註：2003－2011，又稱第二次波斯灣戰爭，以美國為首，並由英國、澳大利亞和波蘭等國參與的多國聯軍入侵伊拉克行動，最後成功推翻了薩達姆·海珊（Saddam Hussein）政府。

選項A：支持美國。

選項B：支持恐怖分子。

老師：我們難以認同支持恐怖分子的選項B，但選項A也具有「認同美國軍事行動」的含意。總之，當時的美國充滿了好戰氛圍……所以A也無法說是符合期待的選項。

早杉：啊啊，這就會讓人開始思考「或許也有第三種選項」，例如把「保持中立」或「批評恐怖分子的惡行，但也斥責美國過分的行動」當作選項C。

老師：說得沒錯，這是小布希設下的機關，也就是所謂的「偽二分法」。明明還有其他選項，卻刻意創造讓人以為只有A、B可選的假象，然後用「支持自己或支持恐怖分子，二選一」的說法，來誘導對方作出「既然如此，只能支持美國」的選擇。

Lesson 7

慢思術 21

留意被迫選擇的「偽二分法」，質疑對方是否刻意隱藏了其他選項。

文殊：不是朋友，就是敵人——這種想法就類似「非黑即白」。

老師：沒錯沒錯，不管是有意還是無意，人類經常會把複雜的問題極度地簡化呢。

問題33的解答

「支持我們？或支持恐怖分子？」小布希逼迫大家二選一。但實際上，除了這兩個選項之外還有其他選擇，可是小布希卻刻意不提，試圖誘導各國認同美國的行動。

老師：雖然有程度之別，但「全有或全無」也可視為一種類似的狀況。例如，「如果你信神，就要完全相信《聖經》上的紀錄」，然後告訴你「《創世記》中的開天闢地、諾亞方舟的故事、每一句話、每一個字都是事實」，逼你接受。但實際上就算保有信仰，也可以將這類故事當成是種隱喻就好[131]。

早杉：但也可能出現「不知不覺就陷入兩難的情況」……所以要多小心才行。

老師：透過兩難的討論來尋找其他選項，可說是利用「系統二」建立假設的一種訓練。那麼，我們差不多該進入應對兩難局面的第二個方法了。

131. **原註：參考資料**Johnson, D. K. (2018). All or nothing. In R. Arp, S. Barbone, and M. Bruce, eds. *Bad Arguments: 100 of the Most Important Fallacies in Western Philosophy*. Wiley-Blackwell.

避免不期望的結果——應對方法②

老師：接下來要進行熟慮的練習，即使你選擇了對方給予的選項，也要盡量避開不合期待的結果。首先，我們就用富含深義的名著、荷馬《奧德賽》中的一個故事[132]開場。

問題 34｜奧德修斯 VS 賽蓮

特洛伊戰爭[133]結束後，英雄奧德修斯搭船回程的路上，必須經過賽蓮女妖居住的礁岩地帶。賽蓮的上半身是人類女性，下半身是一隻怪鳥，她們的歌聲非常優美，聽到的人會被魅惑並遭遇船難，最後被賽蓮吃掉。

奧德修斯一行人爲了平安穿過礁岩區，必須摀住耳朵，讓自己聽不見歌聲，但奧德修斯無論如何都想聽聽看，到底賽蓮的歌聲究竟有多美妙。

於是——

(1) 奧德修斯陷入了怎樣的兩難局面？

(2) 奧德修斯該怎麼應對這個兩難局面？

早杉：話說，奧德修斯是誰啊？

老師：希臘神話中的英雄人物，英語圈人士也稱他為「尤利西斯」，他就是那個足智多謀，用奇招「特洛伊木馬」攻城，在特洛伊戰爭最後引領希臘獲勝的將領。

132. 原註：荷馬，《奧德賽》上卷，第12歌（『オデュッセイア』，松平千秋譯，岩波書店，1994）。
133. 編註：希臘神話中，特洛伊的帕里斯與海倫私奔後，亞該亞人對特洛伊城發動的戰爭。

Lesson 7

文殊：布萊德・彼特[134]主演的電影《特洛伊：木馬屠城》就是改編自這個故事，布萊德飾演的阿基里斯[135]非常帥氣。然後在特洛伊戰爭結束後，奧德修斯歷經了十年充滿苦難的旅程才終於返回家鄉，《奧德賽》就是以這段旅程創作出來的故事，所以一般也將充滿波瀾的冒險之旅稱為「奧德賽」。

老師：沒錯，在這段漫長的返鄉旅途中，他和賽蓮究竟如何對峙，就是這次的問題，而在這個故事裡，奧德修斯也運用了他的智慧，解決了這個兩難局面。但在此之前，我們要先將這個兩難的局面說清楚。

早杉：就是（1）的問題，對吧。如同第二段寫的，船隻通過礁岩地帶時一定把耳朵摀起來，但他還是想要聽聽看，那個可以魅惑人心的美麗歌聲，這也的確會讓人想要聽聽看耶。

老師：問題內容就跟你說的一樣，但這個問題是要我們寫出，他面臨了怎樣的兩難局面喔。

文殊：所以需要指明「不管選擇兩個選項中的哪一個，都會發生不合預期的結果」，對吧。

早杉：這樣啊……選項A是聽著歌聲繼續前進，但這樣一來就會變成賽蓮的食物。而選項B，若摀住耳朵就聽不見美麗的歌聲了，這也不行。奧德修斯好任性喔，畫成圖示就像這種感覺吧。

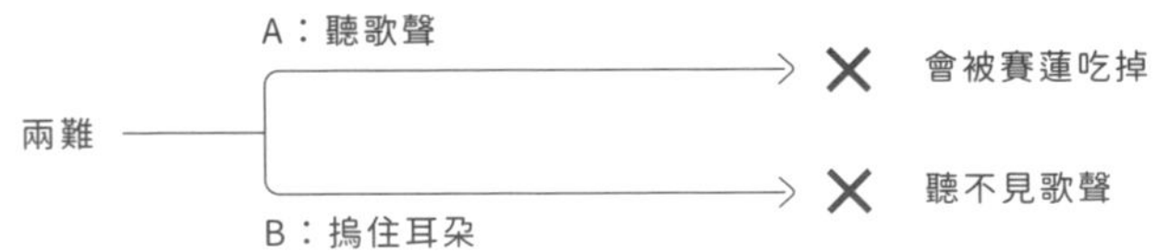

老師：好，這樣就可以了。接下來是（2），奧德修斯如何應對這種狀況。

早杉：應對方法②是說，「創造出選擇其中一項，也不會出事的情況」對

134. 編註：Brad Pitt，1963－，美國男演員、電影製片人。
135. 編註：古希臘神話中的人物，被稱為「希臘第一勇士」。

吧。但是……這該怎麼做才好啊？

老師：這個嘛，可以先把範圍限縮一下，從 A、B 之中先挑一個出來思考，這樣會比較好想。首先，因為不管怎樣鑽研選項 B，結果都是聽不到歌聲的，所以我們就先排除 B 沒關係。

早杉：那就是先針對 A 作思考了，只要創造出即使聽到歌聲也不會被賽蓮吃掉的條件就行了。但是只要一聽到歌聲，立刻就會被美妙的聲音魅惑，所以——

文殊：嗯，要創造出就算被魅惑也沒關係的狀況喔。

早杉：？？？

老師：這只是舉例而已，就算無法自力解答也沒關係。文殊，有什麼好方法可以引導他一下嗎？

文殊：或許可以讓他看一下這張圖，這是瓦特豪斯繪製的《海妖與尤利西斯》（1891）[136]。

早杉：在船四周飛來飛去的就是賽蓮對吧，正中央那個大概是奧德修斯，他被綁在船桅上耶。

136. 原註：約翰．威廉．瓦特豪斯（Waterhouse）《海妖與尤利西斯》（繪畫），圖片取自 Wikimedia Commons。https://commons.wikimedia.org/wiki/File:JOHN_WILLIAM_WATERHOUSE_-_Ulises_y_las_Sirenas_(National_Gallery_of_Victoria,_Melbourne,_1891._%C3%93leo_sobre_lienzo,_100.6_x_202_cm).jpg

老師：重點就在這裡，如此一來，即使他聽到歌聲，受到魅惑，但因為他無法動彈，所以就算變得有點不正常也沒問題。不愧是智多星奧德修斯，真聰明啊。

早杉：但還有負責划船的人耶，他們呢？

文殊：因為只要奧德修斯聽得到歌聲就好，負責划船的人全都用蠟把耳朵堵起來了。

老師：好的，那麼我們差不多可以整理答案了。

問題 34 的解答

⑴ 奧德修斯陷入了「選擇聽賽蓮的歌聲就會被賽蓮吃掉」與「摀上耳朵就沒辦法聽見美妙歌聲」的兩難局面中。

⑵ 奧德修斯叫人把他綁在船桅上，讓他即使聽到賽蓮的歌聲、受到魅惑，也無法動彈，這樣不僅聽得見美妙的歌聲，也可避免被賽蓮吃掉的結果。

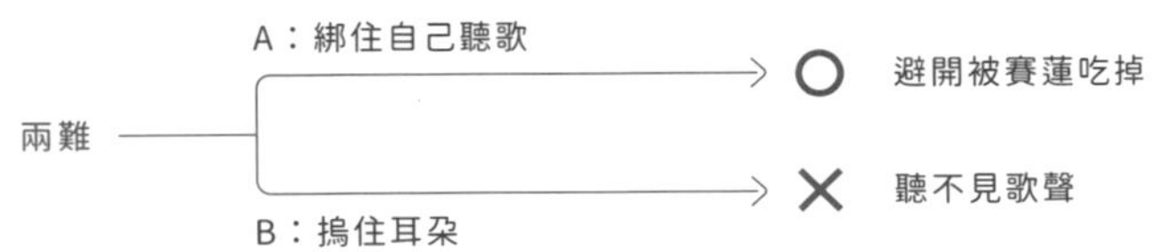

老師：奧德修斯事先預測出，自己可能會遭遇什麼狀況，所以先限制了自己的行動，這個方法在現代被稱為「自我束縛」（自我拘束）或「Precommitment」（預先承諾、先行約定），是個自我控制的方法。政治學與哲學的跨域研究者喬恩・埃爾斯特就在《奧德修斯與賽蓮海妖們》中討論過這個題目[137]。

137. **原註**：Elster, J. (1998). *Ulysses and the Sirens: Studies in Rationality and Irrationality*, Revised, Subsequent Version. Cambridge University Press.

文殊：就是《*Ulysses and the Sirens*》，因為是英文標題，所以「奧德修斯」在這裡就寫成了「尤利西斯」。這樣說起來，「賽蓮」的英文是「Siren」，就是警報器「Siren」的語源。除此之外，賽蓮的樣貌流傳到最後，也從怪鳥變成了人魚，現在還被星巴克[138]拿來當商標使用呢。

早杉：文殊前輩實在是博學多聞，話說回來，雖然奧德修斯找出了應對方法，避開了糟糕結果，但實際上要像這樣想出解方，感覺很困難耶。

文殊：會嗎？像這類自我束縛的例子，還有「為了避免衝動購物，錢包裡只放需要的金額」，以及「為了戒酒而吃下攝取酒精就想吐的藥物」等等都很常見，日本也有翻譯出版的埃爾斯特《社會科學的道具箱》這本書中也有稍微提到[139]。

老師：嗯，會出這道題目也帶有一點教育目的，因為可以同步介紹一下「自我束縛」這個有趣的方法。那麼接下來，我們再做一題來確認一下吧，希望你可以靠自己的力量找出正確答案，這題是改編自珍妮佛·索爾《語言如何欺騙人》這本書中的例子[140]。

問題 35　逃過劫難的亞他那修

亞他那修[141]是四世紀的基督教神學家，當時的羅馬皇帝尤利安努斯[142]目標是打倒提倡異教復興的基督教，亞他那修也是他打倒的目標。

138. Starbucks，成立於1971年，美國一家跨國連鎖咖啡店，也是全球最大的連鎖咖啡店，發源地與總部都位在美國華盛頓州的西雅圖。
139. 原註：喬恩．埃爾斯特（Jon Elster）)，《社會科學的道具箱：合理的選擇理論入門》，第2章、第5章等（『社会科学の道具箱——合理的選択理論入門』，野道郎譯，ハーベスト社，1997）。
140. 原註：珍妮佛．索爾（Jennifer Saul），《語言如何欺騙人：解讀謊言、誘導、狗笛》，第12頁（『言葉はいかに人を欺く——嘘、ミスリード、犬笛を読み解く』，小野純一譯，慶應義塾大學出版會，2021）。
141. 編註：Athanasius of Alexandria，296至298－373，基督教聖人之一。
142. 編註：Marcus Didius Severus Julianus，133－193，羅馬帝國最後一位多神信仰的皇帝。

遭到追緝的亞他那修，被尤利安努斯派出來的迫害者逼到了尼羅河邊，迫害者們追上了正在下游旅行的亞他那修，但未發現此人就是亞他那修本人，還問他說：「亞他那修在這附近嗎?」

身爲虔誠的基督教徒，亞他那修沒辦法說謊，於是回答：「他就在離此不遠處。」迫害者們趕急追了上去，而亞他那修也在沒有說謊的情況下，逃過了他們的追緝。

那麼——

(1) 亞他那修陷入了怎樣的兩難局面?

(2) 亞他那修該如何應對這個兩難局面?

老師：這個問題描述了，亞他那修如何躲過「背教者」尤利安努斯皇帝派來的追兵，我們先來解決問題（1）吧。

早杉：我也差不多習慣了，關於迫害者的這道問題——

選項A：老實回答後遭受迫害。

選項B：說謊違反信仰。

亞他那修面臨了這樣的兩難局面，這就是答案。

老師：很好，那麼問題（2）呢？

早杉：這只要仔細閱讀問題就能回答出來，迫害者問「亞他那修在這附近嗎？」他答說「他就在離此不遠處」，亞他那修本人確實就在這邊，所以這樣回答也不能說有錯。

文殊：至少不能說他說謊，所以他就不需要選擇 B。

早杉：是的，然後啊，老實說我是覺得有點疑惑啦，但就內容來說不算有錯。他這樣回答之後讓迫害者轉往其他方向，所以是「即使選擇了選項 A，也讓自己不會遭受迫害」的應對方法。

老師：OK，這題很順利答完了呢，那我們把答案簡單寫下來吧。

問題35的解答

A

⑴面對迫害者的提問，亞他那修陷入了「老實回答會遭受迫害」與「說謊會違反信仰」的兩難局面。

⑵ 亞他那修沒有說謊，老實回答，但他的回答讓迫害者聽不出他就是亞他那修本人，因此逃過一劫。

文殊： 這樣說起來，哲學家三木那尤他所寫的《話者意義的心理性與公共性》這本書中也介紹了類似的有趣例子。

老師： 嗯，可以請你介紹一下嗎。

文殊： 我用我自己的方式再精簡成這樣的故事[143]。

> 我輸給誘惑，趁戀人外出時，擅自把戀人放在冰箱、打算自己吃的冰淇淋吃掉了，我想隱瞞這件事情。
>
> 戀人回家後打開冰箱問說：「我的冰淇淋呢？」
>
> 我也不想對戀人說謊，因為我無法容許這樣不誠實的行為。
>
> 於是我回答：「冰淇淋收在我的艾斯托馬裡。」

早杉：「艾斯托馬」是什麼啊？

老師： 法語「胃」的意思，就是「estomac」，就跟英文的「stomach」相同。

早杉： 啊啊，原來如此，因為真的就在他的胃裡，所以他沒有說謊。

文殊： 他大概是預期戀人不知道這句法語才會如此回答，但實際上，對方可能知道這個詞，所以也算一種賭博，這也幾乎等同兩難的應對方法②。

早杉： 這個例子真有趣，話說回來，就算用這招暫時渡過難關，但感覺事情遲早還是會曝光啊。如果到時又用「我就說收在我的艾斯托馬裡

143. 原註：三木那由他，《話者意義的心理性與公共性：溝通的哲學》，第175頁（『話し手の意味の心理性と公共性——コミュニケーションの哲学へ』，勁草書房，2019）。

Lesson 7

了啊」來反駁，就感覺像在詭辯了。

老師：他或許期待時間一久，戀人連冰淇淋不見這件事也會完全忘記了呢。

文殊：不對不對，就算被拆穿了，但我卻聰明地回答說「收在我的艾斯托馬中」，我倒是希望戀人可以誇讚一下我的機智。

早杉：這個要求、非常、難以達成……

老師：……怎麼突然離題了，對話也開始變得有點難懂，那我們趕緊進入應對兩難的最後一個方法吧。

放棄作選擇——應對方法③

老師：再確認一下大家是否還記得，第三個應對兩難的方法就是，摧毀「被迫面臨困難抉擇」的前提，直接放棄選擇這項行為。這是全盤否定兩難狀況[144]，可用圖示重新表現如下。

早杉：沒錯，我剛開始聽到時還有點聽不懂，因此之前還說要幫我舉例說明。

老師：久等了，那我們就用剛剛文殊也曾提過的、亞里斯多德《修辭學》中出現的例子[145]來舉例說明吧。

問題 36 演說的兩難

有位女祭司不允許兒子在公衆場合演講，她的理由如下。

這是因爲，如果你說出正確言論，人們將會憎恨你，如果你說出不正確的言論，就會遭受諸神憎恨。

——該如何避開這個兩難局面？但不能取消演講。

144. 原註：如果理解成選擇第三選項C「放棄選擇這項行為」，也可能將其當作應對方法一的一種。但因為這個選項本身與一般選項的性質大相逕庭，所以在此將其視為完全不同的應對方法。
145. 原註：亞里斯多德，《修辭學》，第277頁（『弁論術』，戸塚七郎譯，岩波書店，1992）。

早杉：話說回來，這題直接省略了「這是怎樣的兩難局面」的詢問步驟耶。

老師：我想你也習慣了，希望你可以自己主動回答。

早杉：只要寫出「女祭司的發言迫使兒子面臨困難的二選一狀況」，所以圖示是不是像下圖這樣？

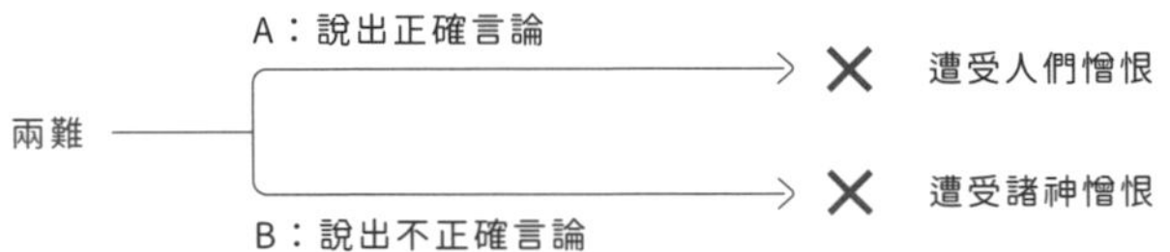

老師：沒錯，不管選擇 A 或 B，都只會得到不合期待的結果。另外，希望大家可以將這裡的「正確」、「不正確」解釋成道德觀點上的善惡。

早杉：但我有點好奇，從常識上來思考，你不覺得被神明憎恨比較糟糕嗎？

文殊：……關於這一點，香西秀信是這樣論述的：「十七世紀在法國出版的《皇家港口邏輯學》（*Logique de Port-Royal*）中也提到，對神明的考量與對人類的考量不可能等價，並對此構成的兩難局面提出質疑。但這是因為受到基督教文化的影響，並在無意識中將古希臘世界的『諸神』，轉換成基督教中獨一無二的唯一『真神』而已。」[146]

老師：所以，希望你可以把這個問題想成「被神明或被人類憎恨都一樣糟糕」，也就是說，這個兩難局面確實成立。

146. 原註：香西秀信，《修辭學與詭辯：禁忌的議論術講座》，第 109 － 110 頁（『レトリックと詭弁——禁断の議論術講座』，筑摩書房，2010）。

早杉：我明白了，但如何才能渡過這個難關啊？因為應對方法③是「直接放棄作選擇」，所以……啊！只要取消演講，就能不說真話也不說假話了，如此一來就可以既不選 A 也不選 B！

文殊：這也是一個方法，但再仔細看一下問題，最後還有個但書喔。

早杉：就是「不能取消演講」這句話對吧。

老師：沒錯，因為有什麼內情，所以不能取消演講。所以就算空有形式也非得舉辦演講不可，遇到這種狀況該怎麼辦才好呢？

早杉：可以改成唱歌，但這就不是演講了……差不多該啟動「系統二」了吧，請給我一點提示。

文殊：老師剛剛提到，「就算空有形式也非得舉辦演講不可」，注意這句話中的「空有形式」就好，就用這個線索再思考一下。

早杉：「空有形式」，總覺得我好像被人這樣罵過——「只是空有形式」，就是說我沒有內涵的意思。所以，是要進行一場沒有內涵的演講嗎？

老師：早杉，我就不問你到底發生過什麼事了，但答案的方向就是這個。刻意進行一場沒有內容、沒有意義的演說，這也是一個應對方法。

早杉：因為演講沒有內容，所以就與正不正確無關了啊？如此一來確實不會遭到任何一方怨恨——但是，沒內容沒意義的演講，實際上到底該說些什麼才好啊？

文殊：舉例來說，這就像是「同義反覆」。

POINT　同義反覆

同義反覆又被稱為「重言句」，也就是單純反覆陳述相同的內容，就不會出現錯誤，但也不會增加資訊量。這在邏輯學上有嚴格的定義，但在日常生活中，只要大略套用、符合特徵即可。

跟語意相關的例子有以下幾例：

- 失望就是失去期望
- 單身者沒有結婚
- 二十四小時之後就會變成明天

另再試舉幾例邏輯上不見得正確的同義反覆類型：

- 明天，不是放晴就是不會放晴（A或是非A）
- 如果明天放晴，那明天就是晴天（如果A那就是A）
- 並不是沒有空腹，那就是空腹（非「非A」即為A）

只不過，包含同義反覆在內，刻意論述理所當然的事情，並非都沒有任何毫無意義，例如「不管對誰來說，一天都只有二十四小時」這句話，其中雖然沒有什麼特別的資訊，但這句話或許會帶給聽者什麼觸發，或讓聽者產生什麼動機。

問題 36 的解答

進行一場無關正確、沒有意義、沒有內容的演講。

早杉：政治人物就有很多這種人，總是在用同義反覆，說的內容都差不多。

文殊：用善意解釋，說話沒有內容的人，說不定正陷入某種兩難局面，或有讓他非這樣做不可的原因。

老師：但我覺得，這應該比較接近詭辯，因為剛好提到政治話題，機會難得，最後用一個現實中會出現的狀況，請大家用應對方法③來處理看看吧。

問題 37 將誘導性詢問當作兩難情況處理

和你感情要好的研究者出了新書，也送了一本給你，讀完後，你發現這是一本研究方法嚴謹、品質極高的佳作。

後來你和同事閒聊，正好聊到了這本書，你的同事說：

「你竟然把那本無聊的書讀完了？」

——這個問題該怎樣回應才是明智之舉？

Lesson 7

老師：這是參考《說是理論，卻是詭辯》[147] 裡的問題，也就是剛才文殊提到的、香西秀信的另外一本著作。

147. 原註：香西秀信，《說是理論，卻是詭辯：反邏輯思考的建議》，第 171 頁（『論より詭弁——半論理的思考のすすめ』，光文社，2007）。

早杉：這種問題好～討厭喔！因為確實把書看完了，所以很想回答「是」，但如果直接這樣回答，感覺是在變相承認「這是一本無聊的書」。

文殊：就算你回答「沒有」，感覺對方也會認為你承認「這是一本無聊的書」。

老師：如果不小心回答「是」或「不是」，就會正中對方下懷，這題是屬於誘導性詢問。

早杉：原來如此，此時就把它看成一種兩難局面，用只能回答「是」或「不是」的二選一狀況來覆蓋全局就可以了。

老師：沒錯，接著就用應對兩難的方法③來處理。那麼，該怎麼做比較好呢？

慢思術 22

如果碰到「誘導性詢問」，試著將它看成一種兩難局面來分析。

早杉：忽視對方的提問不回答，但這樣可能會跟同事搞壞關係耶，那麼回答「那本書一點也不無聊，是精采佳作！」如何呢？

文殊：不覺得這會讓情況變得更糟嗎？而且對方可能會問你這麼想的理由，你還得為作者幫這本書說話，最後可能還會引發爭執。

老師：如果你打算接招或有所覺悟，如此回答當然沒有什麼問題，但此時我們在想的是：怎麼和平解決這件事。所以，現在到底該怎麼做呢？提示就是，請站在反對立場，思考一下文殊剛剛那段發言。

早杉：若被對方詢問自己的想法就會變得很麻煩……那改變一下立場，換成由我來反問對方！那或許可以這樣說：「喔，你覺得哪部分無聊？」

文殊：感覺不錯喔，對方可能還沒讀過這本書，而且不管對方說什麼，只要這樣回答就好：「原來還有這種看法，受教了。」

老師：辛苦兩位了，接下來請寫出解答與這堂課的總結，今天就上到這邊。

問題37的解答

放棄直接回答「是」或「不是」，反問對方覺得這本書無聊的理由。如果不在意和同事起爭執，也可以徹底忽視對方，直接回答你為何覺得這本書一點也不無聊的原因。

Lesson 7 總結

- **面對兩個選項時，不管選哪一個，結果都不合期待，這種狀況就叫兩難。**
- **兩難可以用這三種方法應對：「尋找第三選項」、「創造出即使選擇其中一項，結果也能符合期待的狀況」、「直接放棄選擇」。**
- **要注意「偽二分法」的兩難問題，以及兩難形式的誘導性詢問。**

體會兩難的禪學問答

文殊：在禪宗公案[148]裡也有一個故事[149]，可以用來說明這堂課最後提到的、應對兩難的方法——

> 壺中有隻鵝，鵝蛋在壺中孵化，鵝就這樣開始長大。因為鵝很大隻，如果想把鵝弄出來但不能打破壺，就只能把鵝殺了。請試著把鵝拿出來，但是不可以打破壺，也不能把鵝殺了。

早杉：嗯，這個問題確實很兩難，答案是？

老師：鵝其實早就在壺外面了！

早杉：這種答案可以嗎？——但確實是否定了兩難的情況啦。

老師：因為禪學的目的是要打破我們的固有思維，所以才會刻意使你動搖，讓你試著去思考，自己是否被腦中正在處理的問題限制住了，非常有趣呢。

文殊：還有另一個我很喜歡的故事[150]，雖然和兩難的問題有點不同。

> 禪僧雲門高舉木杖對大家說：「這根木杖變成一隻龍，吞噬了天地。天地山河，也就是這個世界，要如何得手才好呢？」

早杉：從龍的手中搶回世界，這感覺好像角色扮演的奇幻類遊戲喔，根本就是個不可能的任務。

148. 原註：禪的修行中，為了打破弟子的固有思維，作為引領弟子領悟的手段所使用的禪者言行及問答等等。因為多為要求極限思考，常常出現常識難以理解或是根本不可能解決的問題。
149. 原註：將《五燈會元》卷四的〈陸亘大夫〉稍作改編。
150. 原註：原收錄於《碧巖錄》中的公案，本文則是參考下列書籍：山田史生，《禪問答百選》，第 170 − 172 頁(『禅問答100撰』，東京堂出版，2017)。

老師：但那是因為，你認為「天地被吞噬之後，只留下與世界不同存在的龍」，因為你和龍站在同一個角度思考，所以才覺得不可能。

文殊：自己應該也在被龍吞噬的那個世界裡才對——從這個角度思考，因為你也在那個世界裡，一切都「維持原狀」，不必得到，也無需搶回。

早杉：喔喔喔，這後勁好強，實在太深奧了……

Lesson 8

尋找
眞正的原因

1

「只要」改變一個條件

早杉：老師，你聽我說啦。

老師：怎麼啦，一進來就大呼小叫的。

早杉：我有個念小四的堂弟，他最近開始會說些奇怪的話。

文殊：聽說他堂弟主張自己擁有超能力。

> 等紅綠燈的時候，只要我不停重複說著「變綠燈、變綠燈」，就一定會變成綠燈，我有把燈號變成綠燈的特殊能力。

老師：原來如此，他正好到了開始說這種話、也不奇怪的年紀了啊，還真是個開心果……喔不，他單純只是在捉弄早杉吧，然後咧？

早杉：就算我跟他說「這才不是超能力」，他也會反駁說「只要我一直說，就一定會變綠燈啊」，所以，確實很可能只是在捉弄我而已，但我也沒辦法好好說明。

文殊：「因為超能力，所以讓燈號變成綠燈」——這個說法或許可以成立，但如果想要表現「這不是正確的因果關係」，又該怎麼做才好呢？

早杉：沒錯，就是這個！我們之前做了很多練習，建立與因果關係有關的假設。當時我也對「那麼哪個假設才是正確的，也就是怎麼做才能確定『這是真正的原因』」感到疑問。

老師：也就是「建立因果關係的假設之後，該如何驗證」，因為只要證明假設正確，就可以找出原因。正如我之前預告過的，我打算要在這堂課上討論這件事。

不過關於超能力少年的主張，我們晚一點再來談。

首先，還是要透過問題作具體解說比較妥當，之後再把找出原因的正確做法整理給大家。

問題 38 瘧疾的原因

以下這篇文字，呈現出某村居民的思考模式。

和許多村民相同，我也在前往沼澤地之後罹患瘧疾。不必多作解釋，大家都知道，沼澤地潮濕、空氣污濁、蚊子很多，我也被叮了好幾包，而且除了去沼澤地的人之外，沒有其他人罹患瘧疾。

所以就跟村莊長老告訴我們的一樣，瘧疾的原因就是「污濁空氣」(mal-air)[151] 準沒錯。

那麼，此刻你正好來到這個村莊，而且你知道爲什麼會感染瘧疾，此時你要怎麼做，才能說服村民相信造成瘧疾的眞正原因?不過，你不能使用太先進的工具及設備。

早杉：去過沼澤地的人都染上了瘧疾，所以原因就是污濁的空氣，包含長老在內，每個人都這樣認為。

老師：嗯，但這是錯誤的假設，用直覺會認為原因出在污濁的空氣，但實際上這並非正確的因果關係。那麼，真正的原因是？

文殊：瘧疾的話題十分常見，我最近讀的朱迪亞．珀爾等人寫的《入門統計的因果推論》開頭也有提到[152]，這是瘧疾病原蟲造成的，這種寄生蟲是以蚊子為媒介，在蚊子吸血時進入人體。

151. 原註：這個字雖然來自義大利文「mala aria」（污濁空氣），但為方便說明，在此用相對應的英文來表現。順帶一提，「mal」是表現「不好」、「不良」、「不全」、「異常」的字首，惡意軟體「Malware」的「mal」就是一例。
152. 原註：朱迪亞．珀爾、瑪德琳．格萊摩、尼可拉斯．P．朱厄爾（Judea Pearl, Madelyn Glymour and Nicholas P. Jewell），《入門：統計的因果推論》，第1頁（『入門 統計的因果推論』，落海浩譯，朝倉書店，2019）。

早杉：哇塞～好噁心喔。文中的「我」也說他被蚊子叮了好幾包，所以長老說的並不正確，不是沼澤地的污濁空氣引發了瘧疾，而是在沼澤地被蚊子咬才是原因。原來如此，就是這裡讓人混淆，所以才搞錯了因果關係。

老師：就是這樣，但這個假設已經滲透人心，甚至連「瘧疾」（Malaria）的語源都是「污濁空氣」（mal-air）。但還是要設法說服村民「真正的原因並非空氣，而是蚊子」，只是最後的但書說，不可以用顯微鏡讓村民去看瘧疾病原蟲，雖然這個方法也不一定能說服村民啦。那麼，該怎麼做才好呢？

早杉：不要去沼澤地，一直待在家，然後等蚊子來叮。蚊子叮完之後就會染上瘧疾，蚊子就成了原因，這個方法如何？

文殊：大概不行，因為問題中有寫到，只有去沼澤地時才會染上瘧疾，也就是說，蚊子只會在沼澤地出現，所以就算你在家裡等，蚊子也不會來。

早杉：連這個也要列入考慮啊……那麼，去沼澤地抓蚊子回來在家中放飛，讓蚊子來叮！

文殊：這方法也不行，就算讓你如願感染瘧疾，你抓蚊子的時候也去了一趟沼澤地，所以就會讓人不知道，原因究竟是你在沼澤地吸到的污濁空氣，還是之後被蚊子叮。

老師：沒錯沒錯，這個問題不簡單對吧。其實只有表現出「被蚊子叮完染上瘧疾」還不夠，重點在於，還要同時將「污濁空氣引發瘧疾」這個可能性完美排除才可以。

早杉：……現在有兩個假設，想要指出只有一個是對的，所以必須否定長老的教誨。我越來越明白了，同時還要證明，即使吸入沼澤地的空氣也沒問題。

老師：沒錯，能夠想到這樣就可以了，接下來讓我進行解說。大家知道「蚊帳」嗎？是種吊掛起來防止蚊子入侵，長得很像網子的道具，不僅空氣可以流通，還能阻擋蚊子，所以待在蚊帳裡就可以避免蚊子叮。接著我們在沼澤地安排兩組人員，A 組不掛蚊帳，B 組掛蚊帳[153]。

早杉：那 A 組的人會被蚊子叮，為什麼還需要 B 組呢？

老師：關鍵就在這裡，除了「有沒有被蚊子叮」之外，還要同時「呼吸沼澤地的污濁空氣」，兩組比較的前提，都必須滿足這兩個條件才行。

因此，只有被蚊子叮的 A 組染上瘧疾，我們才能定調：瘧疾與空氣或其他因素無關，被蚊子叮才是唯一原因！

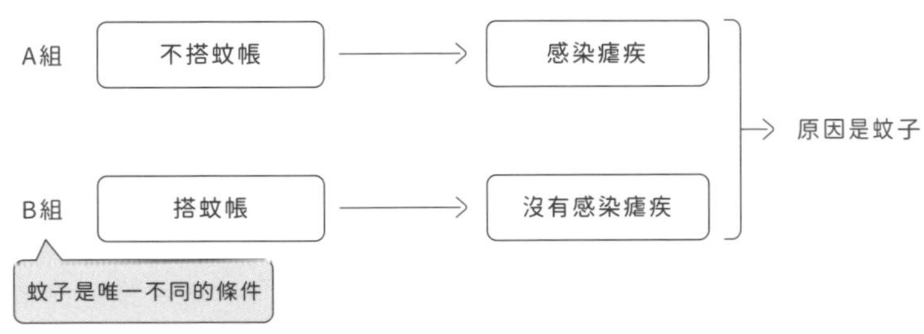

問題 38 的解答

A

準備A、B兩個對照組，A組不搭蚊帳，B組搭蚊帳，讓兩組人員在沼澤地待上一段時間，如此一來，只有「是否被蚊子叮」的條件不同，呼吸沼澤地的污濁空氣等其他條件全部相同。在這種情況下，如果只有被蚊子叮的A組人感染瘧疾，就可以確定原因不是污濁的空氣，而是蚊子。

153. 原註：狀況設定為在搭設蚊帳的過程中沒被蚊子叮。

Lesson 8

老師：所以說，設定一個想要調查的條件，將與此條件不同的組別互作比較，就可以找出原因，這個方法被稱為「對照實驗」，是標準的科學研究手法。

科學的目的就是「說明引發某現象的原因，並預測何時會發生」，只要正確掌握因果關係就能辦到。關於對照實驗的內容，後續會再詳細說明。

早杉：話說回來，為什麼要用「組別」作區分？也就是說，為何不是比較「兩個人」，而是比較「兩組人」？

老師：好問題，這個嘛，其中一個原因是個體差異，但講解會有點複雜，就請你再等等，期待之後的課程吧。

文殊：我以前曾經查過瘧疾的相關資料，機會難得，讓我稍微補充一下。

STEP UP　關於瘧疾[154]

瘧疾是以亞熱帶、熱帶為中心盛行的傳染病，瘧疾病原蟲隨著蚊子吸血時入侵人體而感染。根據病原蟲的種類不同，會連續發高燒十二天到四十天，甚至可能致死。

日本也不是和瘧疾毫無關係，日本也有原生瘧疾，從文獻中可以確認瘧疾在古代（飛鳥時代、奈良時代）就已是眾所皆知的疾病。平安時代的《源氏物語》及《御堂關白記》中都曾提到「瘧」，從內容可知當時只能透過祈禱加持，也就是只能求神佛保佑。直到二十世紀後半，日本國內才未再發現原生瘧疾的病例，之後只有從東南亞歸國者身上才出現過感染病例。

154. 原註：請參照下列資料：國立傳染病研究所「何謂瘧疾」（マラリアとは）頁面，2013年。
https://www.niid.go.jp/niid/ja/kansennohanashi/519-malaria.html（2021年12月17日閱覽）
牧純、增野仁、郡司良夫、秋山伸二、菅野裕子、關谷洋志、難波弘行、玉井榮治、坂上宏，〈瘧疾在日本的歷史考究：特別針對十一世紀的日本與現代瘧疾感染的應對方法與治療藥物〉（日本におけるマラリアの史的考究——特に11世紀の日本と現代におけるマラリア感染の対処法と治療薬），《松山大學論集》，23-6，2012。

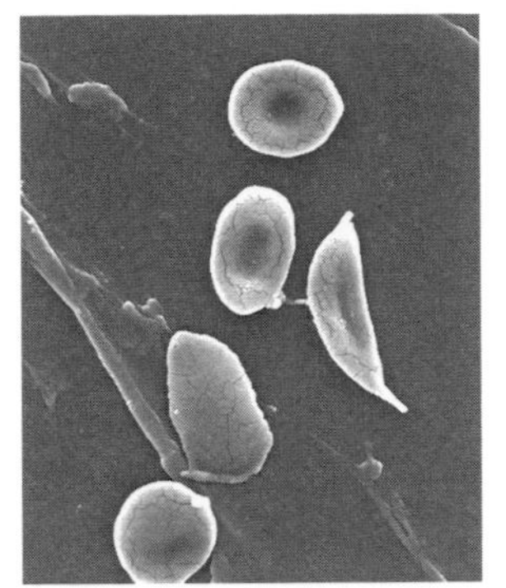

與瘧疾有密切相關的是鐮刀形紅血球疾病（照片[155]上可見，圓盤狀的紅血球是正常的紅血球，相對於此，形狀細長的紅血球就是鐮刀形紅血球）。這是非洲常見的疾病，如字面所示，紅血球會變成鐮刀形狀，降低載氧能力，容易貧血，也會引發慢性腎臟衰竭等疾病。

但是，這個疾病的患者感染瘧疾之後，會先從鐮刀形紅血球開始感染病原蟲，然後脾臟會連同病原蟲將整個鐮刀形紅血球破壞掉，只留下正常的紅血球。也就是說，鐮刀形紅血球疾病帶來貧血等疾病的同時，也讓患者擁有抵抗瘧疾的能力，所以瘧疾算是一種權衡之下的產物。

155. 原註：摘自「PIXNIO」https://pixnio.com/science/microscopy-images/patient-with-sickle-cell-anemia-hbss（2022年7月20日閱覽）Credit: Janice Haney Carr, Sickle Cell Foundation of Georgia Jackie George, Beverly Sinclair, USCDCP

2

設計實驗的技術

老師：接著要針對「對照實驗」進一步說明，請注意，這並非「對象」實驗[156]。就如同剛剛瘧疾的問題中看到的，這裡是「比較」意義上的「對照」，意思是：只要改變一個條件，就能確實作出比較的實驗。對這個實驗手法的理解，是科學思考的必要程序。

文殊：這個實驗也有多種說法，像是「控制實驗」，英文的 controlled experiment 就是「受到控制的實驗」。

老師：碰到不適合稱為「實驗」的狀況，也可以用「比較觀察」或「比較調查」，總之我們就一邊名詞解釋，一邊進行解說吧。

POINT　對照實驗

對照實驗是以正確掌握因果關係為目的，根據以下步驟進行的實驗。

① 驗證某個假設，思考該調查哪一個條件比較恰當。

② 準備好要作調查的「實驗組」，以及只有一個條件和實驗組不同的「對照組」。除了要調查的條件之外，其他所有條件都要相同（也可作稱「控制條件相同」）。此外，變更的條件又叫「變因」（Parameter），對照組也稱為「控制組」。

③ 別對實驗組與對照組進行實驗，比較兩者結果。

④ 如果實驗組與對照組的結果不同，就可以確定①所選出的條件（變因），就是造成差異的唯一原因，如此就能單純透過單一個條件的改變，驗證這個條件造成的影響，進而掌握正確的因果關係。

156. 譯註：日文的「對照」與「對象」發音相同。

舉例來說，有個假設是「造成〇〇結果的原因是條件ｒ」，為了驗證這個假設，準備好具備條件ｐ、ｑ、ｒ、ｓ的實驗組，以及只拿掉條件ｒ的對照組，接著比較兩者實驗的結果。如果只有實驗組得出結果，那就表示在沒有條件ｒ的情況下不會得出結果，如此就可作出「差異性的原因就是條件ｒ」的結論，因此可讓假設獲得證實。

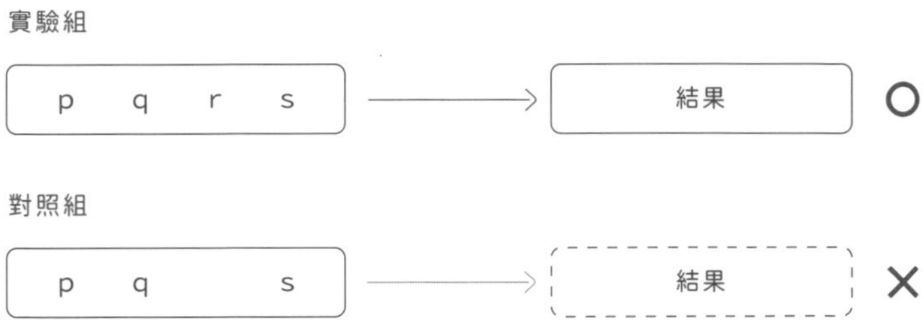

老師：如果套用剛剛瘧疾原因的問題來解說，實驗組、對照組，以及兩組間唯一改變的條件（變因）各是什麼呢？

早杉：我知道。不搭蚊帳的 A 是實驗組，搭蚊帳的 B 組是對照組，然後唯一改變的條件是「有沒有被蚊子叮」。其他條件，包含都吸得到沼澤地的空氣全部相同。

老師：OK，這樣一來，就可以將「蚊子叮帶來的影響」單純抽出來調查，因此所以就能驗證「蚊子叮是感染瘧疾的原因」這個假設。

慢思術 23

想找出原因就要設計嚴謹的「對照實驗」，只要改變一個想調查的條件，剩下的條件全部相同，再比較兩者的實驗結果。

文殊：老師，差不多該回到一開始提到的超能力少年了，如何？

老師：時機剛剛好，也當作是一種確認，就把這題拿來練習吧。

問題 39 綠燈和超能力

等紅綠燈的時候，只要我不停重複說「變綠燈、變綠燈」，就一定會變成綠燈，我有把燈號變成綠燈的特殊能力。

——如果想要否定這項主張，該設計怎樣的實驗才行呢？

文殊：想要驗證的假設是「不停重複說『變綠燈』，燈號就會變成綠燈」，需要證明這個假設不正確，所以想要調查的條件是「不停重複說」。

早杉：接下來要準備實驗組與對照組，對吧。

老師：這次用「組」可能會覺得有點怪，但不必太在意，只要好好設計出兩個條件不同的狀況就好。

早杉：如果是這樣……不停重複說「變綠燈」，然後就看到變綠燈的是實驗組；那麼沉默不語，接著就看到變綠燈的是對照組。

文殊：我再補充一句，這裡最重要的地方就是，不改變其他條件維持兩者相同，接著只改變「不停重複說」這個條件，因為在此是想排除「念力」以外的影響因素。

老師：嗯，接下來該怎麼做才好呢？

早杉：是的，一般都會覺得，不管是實驗組還是對照組，燈號遲早都會變成綠燈。也就是說，不管有沒有「不停重複說」這個動作，結果都不會出現差異。因為只改變了一個條件，卻沒有出現不同的結果，那就表示「這個條件並非燈號變成綠燈的原因」！

文殊：如果真的只有實驗組的燈號變成綠燈，而對照組沒有出現這樣的結果，那假設就是正確的，這樣一來，就會證明超能力真的存在。但這次因為做了「對照實驗」來驗證結果，於是得知這個假設是錯的。套用 Lesson 4 的說法，這是假設「遭到證偽」的案例。

老師：就是這樣，那麼，把解答整理成文字吧。

問題 39 的解答

Ⓐ **設計不停重複說「變綠燈」的狀況（實驗組）與沉默不語的狀況（對照組），比較兩組的燈號會不會變成綠燈即可。因爲兩組的燈號都變成綠燈了，表示不停說「變綠燈」並非燈號變綠燈的原因，因此可以否定「我」具有特別能力的主張。**

早杉：——我覺得這個答案很恰當，但感覺我堂弟應該又會反駁我什麼，例如「確實在我沒有說的時候，燈號也會變成綠燈，但在我不停重複說的時候，燈號會變成綠燈卻是因為我的力量」等等。

老師：呵呵呵，這真是名副其實的「逃避證偽」呢。稍微想一下就知道，這個主張幾乎沒有被證實為錯誤的餘地，我們在 Lesson 4 稍微提過「可證偽性」，這個假設幾乎沒有可證偽性，所以這件事無法說是具有科學性。嗯，關於這件事，我們在 Lesson 10 會再深入說明，現在先多做一點對照實驗的練習吧。

文殊：關於對照實驗的起源，西蒙．辛格等人合著的《代替醫療解剖》中有記述，我把它寫上來。引用文章中出現的「臨床實驗」相當於對照實驗。

臨床實驗的核心是相當單純的想法，它的起源可回溯至十三世紀，當時的神聖羅馬皇帝腓特烈二世[157]，為了調查運動對食物消化的影響進行了某個實驗。他讓兩位騎士攝取完全相同的食物後，一人外出狩獵，一人躺在床上休息。過了幾個小時，他將兩個騎士殺

157. 編註：Friedrich II，1194－1250，歐洲中世紀神權時代的異色領袖。

死，準備調查他們的消化器官，結果發現躺在床上休息的騎士消化速度比較快。此處的重點在於，因為兩位騎士做出不同等級的運動——一個活力十足地四處活動，另一個只是躺在床上——所以才能比較彼此的消化狀況。在臨床實驗中，比較兩個以上的狀況就會成為關鍵。[158]

早杉：羅馬皇帝又做出很不得了的事情耶，一點也不「神聖」啊。

文殊：正如伏爾泰[159]所說的，神聖羅馬帝國「不管就哪一方面來討論，既不神聖，也不羅馬，就連帝國也稱不上」[160]？

老師：還真虧你能立刻想起這些知識耶……在生命倫理、醫療倫理與研究倫理已有發展到一定程度的現代社會[161]中，當然不能做這種事情，要進行以人類為對象的實驗或研究時，一般都要經過倫理審查、取得許可才可以。不過，生命倫理等領域的研究也不過從 1960 年代開始的，從歷史上來看也是很近期的事情。這方面的研究也有相關著作可以參考，請見延伸閱讀介紹的書目[162]。

158. 原註：西蒙．辛格（Simon Singh）& 埃德扎德．恩斯特（Edzard Ernst）《替代醫療解剖》，第 246 頁（『代替医療解剖』，青木薰譯，新潮社，2013）。
159. 編註：Voltaire，1694－1778，法國啟蒙時代思想家、哲學家、文學家，啟蒙運動公認的領袖和導師。
160. 原註：時常與羅馬教皇對立（並不神聖），中心在德國（不羅馬），是許多獨立國家的聯合體，甚至有過帝位長時間空懸（不是帝國）等等，因為以上各種理由才得到這樣的評論。十八世紀法國的哲學、歷史學者伏爾泰的這段話可參考《歷史哲學：「關於諸國民的風俗與精神」序論》（『歴史哲学——「諸国民の風俗と精神について」序論』，安齋和雄譯，法政大学出版局，1989）。
161. 原註：在生命倫理（Bioethics）的研究中，針對因生物科技及醫療技術的發展產生的倫理問題，例如操控基因，使用 ES 細胞、iPS 細胞的再生醫療技術，產前診斷，安樂死、尊嚴死，人體實驗，知情同意等為研究主題。從上述舉例中也可看出，生命道德哲學關注的焦點，圍繞在醫療現場適當判斷的考察上，也就是以醫療倫理為中心，而其對象領域逐年擴大，包含論述道德對待動物的動物倫理，考察人類與自然環境關係的環境倫理，處理倫理對待參加實驗者及不法研究的研究倫理等等在內。當然，該如何將這些研究的成果反映在現實制度以及實現上面也是重要的課題。
162. 原註：以下書目都整理得很好：好讀易懂的有，小林亞津子《新手學生命倫理：「生命」由誰主宰》（『初めて学ぶ生命論理——「いのち」は誰が決めるのか』，筑摩書房，2011）。稍微生硬的有，阿拉斯泰爾 V. 坎貝爾（Alastair V. Campbell）《何謂生命倫理：從入門到最先端研究》（『生命論理とは何か——入門から最先端へ』，山本圭一郎等人譯，勁草書房，2016）。

3 培養出統一條件的想像力

老師：那麼，我們繼續用嚴謹的對照實驗來做練習思考吧。接下來是問題40，這題會特別強調的地方是「必須適當地統一條件」。

問題 40　狒狒與壓力

請想像你現在是狒狒的研究者，狒狒是群居動物，社會性強烈，群體中存在嚴格的階級，而你想要研究的是，每隻狒狒的「階級差異」與「壓力造成的疾病」之間的關係。

因為每隔一定時間就要蒐集數據，調查每隻狒狒的壓力程度，所以需要和狒狒一起生活。你必須不斷重複「用吹箭麻醉狒狒，抽血測定血液中壓力賀爾蒙的數值」等工作程序，但在使用吹箭麻醉時，因為會造成懷孕和育兒中的雌狒狒很大的負擔，所以調查對象僅限雄狒狒。

在進行這項研究時有幾點注意事項，相關要點請見下列(1)～(3)的提問。

(1)為了比較不同階級帶來的影響，必須設定實驗組與對照組，兩組除了階級不同之外，還需要統一其他條件，請問會是哪些條件？

(2)每隻狒狒必須在一定時間內進行多次的壓力程度調查，為了不讓條件存在太大的變化，請問有哪些條件得維持不變？

(3)用吹箭麻醉狒狒時該注意的地方是？

Lesson 8

文殊：問得非常細呢，這個研究想要檢證的假設應該是，「狒狒階級不同會提高壓力相關疾病的風險」。

老師：除了想要調查的條件之外，還必須考慮其他的相關條件，這就要輪到「系統二」出場，進行熟慮才行了。

慢思術 24

在對照實驗中，要對相關條件進行熟慮思考，例如：每個實驗對象存在差異的特徵、根據時間和地點產生變化的性質、狀況及環境造成的影響……等等。

早杉：猴子的群體中，雄性多會為了爭奪雌性及食物而爭奪階級吧，這在動物的節目中經常看到。如此一來，（1）的實驗對象就必須是成年的雄性，這是從每個狒狒個體可能不同的特徵來思考，所以才想到年齡這個因素。

老師：就是這個方向，拿年幼的狒狒和成年的狒狒相比，年齡差距帶來的影響或許很大，所以（1）的答案就是「相同年齡層的個體」。

文殊：健康狀況也要統一嗎？已經罹患什麼疾病的狒狒和健康個體間的條件也會不同。

老師：這也可以列入（1），如果單一個體「僅限健康時進行調查，生病除外」，那就可以列入（2）。

早杉：原來如此，不只是狒狒個體之間的不同，也得考量每隻狒狒的變化，這就是（2）想要問的啊，因為像是打架受傷的時候也不行。

文殊：就算沒有受傷，打架這件事本身應該就會有壓力程度的不同，對吧？

老師：沒錯，所以也要避免在情緒激動的行為之後進行量測。

早杉：啊啊，說起情緒激動，還有交配。

老師：一下子就想到答案了呢，總之也需要滿足「在情緒平穩時測定壓力賀爾蒙」這個條件。

早杉：如果一來，拿吹箭麻醉這件事本身也不太可行吧，狒狒應該會害怕。

文殊：這就是（3）要問的問題，所以要再注意什麼呢？

老師：這題要問的就是早杉現在擔心的事情，該怎麼做才不會讓狒狒害怕呢？請把自己當成狒狒研究者思考看看。

早杉：嗯……小心不要被發現，偷偷從後面靠近，然後用力吹箭！

老師：正確答案。實際上，這個問題的原型出自薩波斯基的《靈長類回憶錄》，作者提到他費盡千辛萬苦，才捕捉到沒有感到不安、相當乖巧的狒狒，這段親身經歷真的非常有趣[163]。不停被人用吹箭麻醉，狒狒也會開始累積經驗，所以出其不意就顯得非常重要。

早杉：雖然明白在對照實驗中統一其他條件的重要性，但實際執行起來應該非常辛苦。

文殊：——我們先回到（2），吹箭麻醉的時間也要固定在一天中的某個時刻才對吧，因為壓力賀爾蒙指數一整天都會有所變動。

老師：喔，說得也是，謝謝你。

問題40的解答

A

⑴ 年齡層（僅限成熟個體）、健康狀況……等等。

⑵ 要在心情平靜的時候測量，避開生病、受傷、打架或交配等情緒激動的時候。另外，每次都要選擇相同的時段。

⑶ 爲了不讓狒狒感到害怕，不能讓牠看到，要在不被發現的情況下吹箭。

163. 原註：羅伯特·M·薩波斯基（Robert M. Sapolsky）《靈長類回憶錄：神經科學家與狒狒一起生活的奇妙日子》，第三章（『サルなりに思い出す事など——神経科学者がヒヒと暮らした奇天烈な日々』，大澤章子譯，みすず書房，2014）。

老師：下一個問題「學券」將再度登場，這在 Lesson 6 中曾經出現過，大家還記得嗎？

問題 41 學券再次登場

學券是一種直接發給家長的優惠券，可以用來折抵私立學校的學費，以達到減輕學費負擔、增加學校選項的政策。

但這種學券制度對於提升孩子的學力具有多少效果呢？爲了解眞相，於是招募了自願者發予學券，並進行「領取學券的學生」與「未領取學券的學生」兩者間的學力比較。結果發現，前者入學之後到高年級爲止，學力提升幅度大大超過後者。

因此可以作出「這個政策有提升學力效果」的結論。

——請指出這個主張存在什麼問題，並說明怎麼做，才能確實驗證「學券有提升學力的效果」這個假設是對是錯？

早杉：重讀問題之後發現，他們想做對照實驗耶。

老師：基本上可以用「有無領取學券」來分出實驗組與對照組，但他們的條件控制還不夠完善。

慢思術 25

在解讀實驗與調查的相關記錄時，要注意「條件是否被正確控制」。

文殊：第一個，家庭環境可能會造成影響。可以想像，希望領取學券的家長本身就非常重視教育，因此就算學力提升，也無法確定是學券帶來的效果，或是家庭環境的影響。

早杉：所以需要統一這個條件——但要怎麼做才好呢？

老師：有幾個思考方向，例如「家長的學歷」、「教育費占家庭支出的比例」等等，但這會有點困難，因為必須事前調查家庭狀況，或是也可以用「隨機化」的方式來做，這個我們晚一點再介紹。

文殊：還有一些其他條件也希望盡可能統一，特別是在考慮小學生的學力時，這些條件感覺都會造成影響，在狒狒問題中也有出現過。

早杉：性別嗎？記得我曾經聽過「女生比較早熟」這種說法。

老師：性別差異可能會造成影響，但還有什麼條件會因為個體差異而造成巨大影響呢？

早杉：狒狒問題中還有提到健康與年齡問題，生病與否作為條件這倒是能理解，但學券問題跟年齡有關嗎？

文殊：與其說是年齡，倒不如說幾月出生。

早杉：……啊啊，你是說早生晚生的問題對吧！

老師：就是這個問題！雖然都是小一生，但剛滿 6 歲的孩子與將滿 7 歲的孩子幾乎相差 1 歲，卻要一起上課，也把這個問題也列入考量會比較好。這類因素也稱為「干擾因素」（或「干擾變因」、「干擾因子」）[164]，狀況允許的話希望可以加以控制。

早杉：這或許是不能忽視的差異，因為確實無法確定，學券和這個因素到底哪一個影響比較大耶。

文殊：雖然還可以想出其他的條件，但我們差不多可以整理答案了。

問題 41 的解答

這個主張的問題在於，沒有進行已適當控制條件的對照實驗，然後就推導出結論。也就是說，家庭的環境影響、孩子的健康狀況和出生月分都可能是學力提升的原因，卻沒有排除這些因素。

164. 原註：大略是指「想利用實驗或調查來探查某個因果關係時，儘管會對預測的原因及結果造成影響，也沒有將其列入考慮，最後導致無法正確掌握因果關係」的原因。如果用 Lesson 6 中 1 的問題 27「餵母奶可以提升智商？」為例說明，「餵食母乳可以提升孩子的智商」這個主張之所以錯誤，可能就是因為忽略了經濟寬裕這個干擾因素。

除了「有無領取學券」之外應該先統一其他條件，再設定實驗組與對照組，然後比較結果，如此才能確切驗證「學券有助提升學力」這項假設。
如此一來，「沒有學券就無法大幅提升學力」的假設就能得到證實了（下圖）。

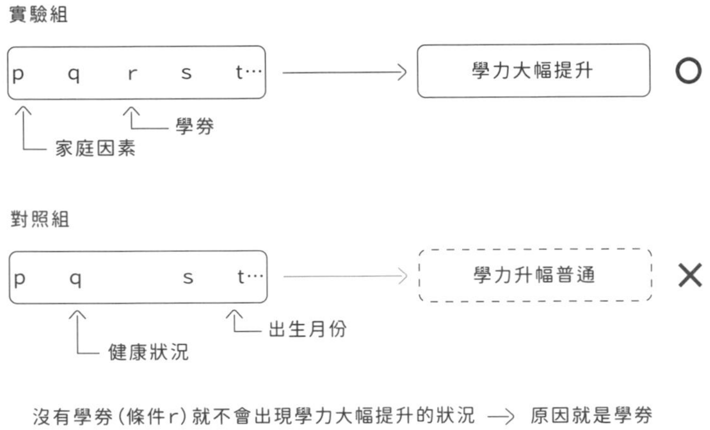

實驗組

p q r s t… → 學力大幅提升 ○

（p：家庭因素；r：學券）

對照組

p q s t… → 學力升幅普通 ×

（q：健康狀況；t：出生月份）

沒有學券（條件r）就不會出現學力大幅提升的狀況 → 原因就是學券

早杉：實際上要統一家庭環境應該很困難，所以這種時候……

老師：根據狀況不同，要統一出生月份等條件也並不簡單，此時就可採用「隨機化」的方式來做，剛剛說這晚一點會詳談，下一堂課的主題是「進一步提升實驗與調查精確度的方法」，我打算下一堂課再來解說。

Lesson 8 總結

■對照實驗是正確掌握因果關係的有效方法，設定只有一個條件不同的實驗組與對照組，若因此產生不同結果，就能判定改變的條件即爲原因。

■在對照實驗中，除了欲調查的條件之外，其他條件要盡可能統一，因此必須仔細討論哪些條件可能造成影響。

■在解讀與實驗及調查有關的記錄時，要注意條件是否獲得適當控制。

道德與兩難

早杉：上一堂課提到兩難的話題，我回家之後發現一件事情，「這些應對方法真的可以那樣隨時隨地完美運用嗎？」問這種外行問題，實在讓人覺得惶恐。

老師：早杉有時候也非常敏銳耶，你其實是唸哲學的吧？……這個嘛，有一些案例是在討論道德兩難，也就是與道德有關的困難二選一狀況。

文殊：最有名的應該就是「火車問題」和「海先生的兩難」吧。

早杉：我聽過火車問題。有輛火車失控，若坐視不管就會有五個工人死掉，若設法解決就只會犧牲一人——是這樣的內容對吧。那「海先生的兩難」呢？

文殊：海先生的妻子罹癌，為了救她，海先生想要取得特效藥，但錢不夠買不了，此時他為了救妻子的性命下手行竊，這個行為是否可以被原諒？

早杉：這種狀況也很難耶。

老師：這種道德兩難很難找到大快人心的正確答案，不管選擇哪一個，都會留下無法接受的部分。從這個意義上來說，上一堂課介紹的三個應對方法可能全都派不上用場。

早杉：但我的問題是：為什麼會這樣？

文殊：原來你不是要問「該如何解決這種道德兩難問題」，而是想問「為什麼會存在這種難以解決的兩難」啊……

老師：哇喔，還真是直指核心，同時也牽涉到「道德有沒有正確標準？又是否存在定論？」的問題。但若把焦點放在「是什麼產生道德兩難」這個問題上，有人認為，透過雙重歷程理論就能略作解讀。

早杉：這也是直覺和熟慮，系統一和系統二，自動模式和手動模式嗎？

老師：「自動與手動」這兩種模式的區別，是約書亞・格林[165]在說明雙重歷程理論時使用的比喻。針對難以解決的道德兩難，格林論述「或許可以用起因於系統一與系統二的功能差異來說明」。

文殊：是《道德部落》[166]這本書，裡面對火車問題有非常深入的討論。

老師：沒錯沒錯，也就是說，因為自動與手動模式得到的答案不同，才會陷入兩難，這點也和 Lesson 2 提到的「愛犬與家人」問題有異曲同工之妙。

早杉：真意外這裡又會提到了那個問題。

老師：謝謝你的提問，上一堂課我忘了強調「並非所有兩難狀況都能輕易解決」，但無論如何，這個主題尚在研究階段，未有定論。如果大家有興趣，可以參閱我寫的《自然主義入門》，或是太田紘史等人寫的《道德心理學》[167]。

165. 編註：Joshua Greene，1974－，哈佛大學心理學教授，美國實驗心理學家、神經科學家和哲學家，他的大部分研究和寫作都與道德判斷及決策有關。
166. 原註：約書亞・格林（Joshua Greene），《道德部落：走向共存的道德哲學》（『モラル・トライブズ——共有の道徳哲学へ』，竹田圓譯，岩波書店，2015／繁中版：商周出版，2022）。
167. 原註：植原亮，《自然主義入門：圍繞知識、道德、人類本性之現代哲學之旅》（『自然主義入門——知識・道徳・人間本性をめぐる現代哲学ツアー』，勁草書房，2017）；太田紘史編著，《道德心理學：探究心理與行動的道德哲學》（『モラル・サイコロジー——心と行動から探る倫理学』，春秋社，2016）。

Lesson 9

三個迅速提升思考精準度的方法

1

選出調查對象

文殊：上一堂課中透過對照實驗，我們學到了控制條件的重要性。

早杉：學券問題讓我印象深刻，我在那題學到，如果不多加注意，欲調查條件以外的條件或許會影響結果。如果實驗組全部都是家裡重視教育的小孩，那就沒辦法純粹驗證只因學券帶來的效果了。

老師：嗯，想要進行嚴謹的實驗與調查並不容易，在今天這堂課中，包含對照實驗在內，我將會提到幾個進行實驗與調查時需要特別注意的要點。換個看法與角度，可以讓我們去思考「怎麼做才能提升實驗與調查的精準度」。此時的關鍵字，就是「隨機」。

首先，我們來看一個與學券類似的問題吧。

問題 42 ｜ 美好的高中時代

讀完以下文章，回答問題(1)、(2)。

我高中母校的畢業生，大家都有強烈的愛校心，只要讀過校友會每年一次寄來的會刊就會明白。上面刊載的畢業生投稿散文，大多都在熱烈談論他們高中生活的快樂回憶，以及當時學到多麼重要的事情。

(1)「每個畢業生都有強烈的愛校心」，這個假設的根據有沒有問題？

(2) 如何才能適當地驗證這個假設？另外，因為經費限制，無法對所有畢業生做問卷調查。

早杉：大家都寫了快樂的回憶對吧，所以會讓人覺得，每個畢業生都有強烈的愛校心……

文殊：感覺文中的「大家」會是關鍵，投稿校友會會刊的所有人，可以和所有畢業生視為一個「大家」嗎？

老師：所謂的「大家」到底是指什麼人，為方便後續的整理與思考，我們先介紹幾個專有名詞吧。「每個畢業生都有強烈愛校心」，這個假設是針對「所有畢業生」的主張，如果要驗證，標準程序就要以所有畢業生為對象。

將欲調查對象的整體稱為「母集團」，例如此處出現的「所有畢業生」，但一般來說，要驗證假設時，沒有辦法調查所有人，所以只能選出部分的人進行調查，從中選出的團體就被稱為「樣本」或「標本」。

早杉：這麼說，這個問題中的樣本就是……校友會會刊的投稿者們。原來如此，針對所有畢業生（母集團）建立的假設，是以所有投稿者（樣本）都有強烈愛校心這個根據來說話的啊。

文殊：在學券問題中，他們招募實驗組的方法並不理想，而這個問題也有類似的狀況，選擇樣本的方法或許有問題。從這個意義上來看，（1）會變成在複習前面學過的東西。

早杉：學券的問題在於，「給付學券的對象都是自願者，所以實驗組找來的小孩，可能會偏向重視教育的家庭」，那這一題呢？

老師：喔喔，你自然而然講出「偏向」這個表現了呢，重點就在這裡，可能出現「偏差樣本」。這點相當重要，我把它列入慢思術的項目之中。

慢思術 26

討論實驗與調查的結果時要確認「偏差樣本」，從偏差樣本中得知的事情，不見得與母集團的狀況相符。

老師：因為選擇會刊投稿者當作樣本，其中或許會產生什麼「偏差」，因為有了這個偏差，即使可從樣本中找出共同事項，也不見得可以套

Lesson 9

用在母集團，也就是所有畢業生身上。

早杉：嗯嗯～只是樣本剛好是群愛校心強烈的人而已，因此，從這類偏差的樣本中推導出「每個畢業生都有強烈的愛校心」就是錯誤的——這個答案如何？

文殊：比起「只是剛好愛校心強烈」這種依賴偶然的判斷，沒有其他更具說服力的解釋了嗎？取樣對象可是會特地寫散文，然後投稿高中校友會會刊的人耶。

老師：唔哦？文殊你不太喜歡校友會這樣的組織是嗎？

早杉：……若是如此，像文殊前輩這樣的人就不會投稿，那也表示，原本就只有喜歡高中生活的人會成為樣本！那麼理所當然的，散文的內容也大多會是「快樂回憶」。

文殊：沒錯沒錯，可以想見，樣本會偏差在原本就有強烈愛校心的人，或者是有空閒時間可以寫散文的世代，我就不會是其中一員——所以說，需要用其他的方法來驗證假設是否正確。

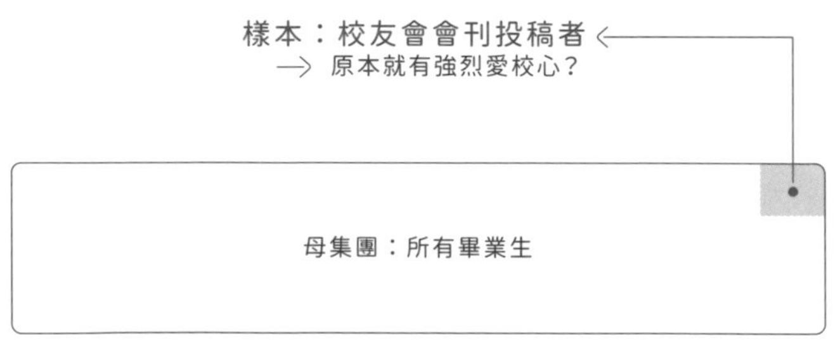

老師：嗯，這就是（2）的問題，在此我先進行解說吧。為了要避免偏差樣本，常會使用「隨機抽樣」（Random sampling）的做法。如字面所示，這個方法是從母集團中「隨機」——

早杉：不好意思，繼續說下去之前我想先請問，「隨機」是什麼意思啊？

老師：好的，先確認一下比較好。概略來說是指，「不將每一個個體特別作出區分」。

可以用「擲骰子」為例來思考，理論上不管一、四、六，都會以相同的機率出現，哪一面出現的方法皆無不同。從這層意義上來說，骰子也是隨機地擲出任何一面。但這不是現實中的擲骰子，而是理想中的擲骰子，也就是每一面都會公平出現的情況。

與之相同，從母集團中隨機抽選樣本，就代表每個人被選上的機率都相同，這就是「隨機抽樣」。

文殊：如果套在這個問題上，就是不以「是否投稿校友會會刊」這點來區分畢業生，而是要「隨機」選擇樣本，所以 Random sampling 就是「隨機抽樣」的意思。

早杉：……選擇隨機抽樣的理由，是為了不讓樣本有所偏差對吧。但我還是有點無法接受，為什麼這樣做就能讓樣本沒有偏差呢？好難想像喔。

老師：就像最近常會把「腑に落ちる」[168]說成「腹落ちする」[169]這樣吧？嗯，這確實可能有點難懂，我就直接說結論。

這是因為，隨機蒐集的樣本，除了想要調查的條件之外，個體原本的差異，或受到影響造成的差異等等，都會自行相互抵消。

文殊：為了做到這點，樣本數要盡可能越大越好。也就是說，隨著樣本中包含的要素數量逐漸增加，每個樣本間的差異所造成的落差，從整體上來看就會感覺「被均化」。所以，增加實驗與調查的次數，也被認為是個好方法。

早杉：好像大致能夠理解。如此一來，問題（2）就會變成……因為沒有經費對所有畢業生做問卷調查，所以，隨機從畢業生中抽取一定數量進行調查，詢問他們是否喜歡母校。然後，假設回答「喜歡」的超過七成，比例妥當，那就能說原本的假設大致是正確的。

168. 編註：Fu ni ochiru，認同、領會、信服之意。
169. 編註：Haraochi suru，與「腑に落ちる」同義。

隨機抽樣
隨機（＝機率相等）選出樣本

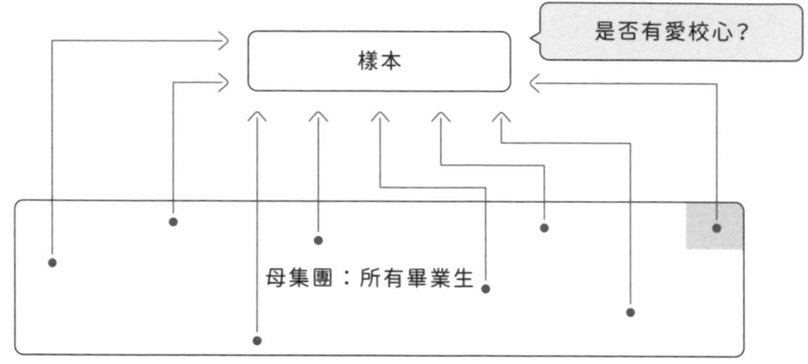

老師：好，這樣就可以了。進行這類問卷調查時，為了要避免偏差樣本，希望可以盡可能地隨機抽樣。

慢思術 27

爲了避免「偏差樣本」，因此要進行「隨機抽樣」。

A

A：問題 42 的解答

⑴ 推測會特地投稿校友會會刊的人，原本就有強烈愛校心，以這個偏差樣本具有的共通現象，來假設「所有畢業生（母集團）都有強烈愛校心」，憑據並不合理。

⑵ 用隨機抽樣的方式，進行愛校心的問卷調查（但是否願意回答問卷本身可能也會產生什麼偏差，但這一點先不考慮）。

文殊：在（2）的問題中，要盡可能抽選最多的樣本數對吧。

早杉：我也很在意這一點……關於隨機抽樣時要盡可能增加樣本數的理由，我有種似懂非懂、一知半解的感覺。

老師：嗯，我剛剛提到「樣本的規模越大，除了想要調查的條件之外，其他條件所造成的影響會相互抵消」，那接下來就來針對這點進行說明。

準備足夠的樣本

老師：為什麼說樣本數越多越好，我們可以用以下這個非常簡單的問題來確認。

問題 43　何者可能性高？

下面的 A 和 B，你認爲何者出現的可能性較高？

A：恰巧搭上同一輛巴士的三個人都是左撇子

B：恰巧搭上同一輛飛機的三百人都是左撇子

Lesson 9

老師：A 和 B 的人數有百倍之差，那麼，大家都是左撇子的可能性哪一邊較高？順帶一提，日本人左撇子的比例大約 10% 左右。

早杉：這再怎樣都答得出來啦，B 絕對不可能，即使可能性非零。A 雖然也不太可能，但還算是或許會出現。

文殊：沒錯，答案是 A，你認為產生這種可能性差距的原因在哪？

早杉：人數不同——對吧？雖然左撇子的人數不多，但 A 只有三個人，就算三個人都是左撇子也不是太奇怪。但 B 有三百人，其中絕對會有右撇子。

老師：就是這樣，文殊，謝謝你如此精采的引導。也就是說，這是表現出「樣本數少時，即使特地隨機抽樣，也可能出現偏差樣本」的例子。

文殊：這邊「恰巧」搭上同樣交通工具的人，等同於隨機被選出來的樣本。

老師：嗯，但即使這樣隨機抽選，樣本數只有三個人時，也可能發生所有人都是左撇子這種偶然的偏差。換言之，樣本規模小就容易發生極端的案例。

早杉：啊啊，相對的，像 B 這樣把樣本數增加到三百人，就可以消除這類偶然的偏差了啊。感覺會讓左撇子的比例接近 10%。

慢思術 28

注意樣本規模，樣本規模太小容易產生偏差，進而導致極端事例發生。

問題 43 的解答

A。

文殊：早杉剛剛的發言也和「大數法則」有關。

老師：沒錯，在隨機抽樣中，樣本數越多，在調查樣本後得知的事情，符合樣本母集團狀況的可能性就越高。

這個主張從直覺來看也算容易理解，在數學上有個無可非議的定論，那就是「大數法則」，只知道名字也沒有壞處（若要詳談還得提到中央極限定理等內容會變得很複雜，在此先省略）。

早杉：也就是說，從這邊得到的教誨就是，「難得有大數法則可用，就別拿小樣本數來判斷事情」。

老師：就是這樣，跟它有關的內容還有稱為「草率歸納」或「輕率概化」的錯誤類型，這直接舉例說明比較快。

- 我在大學選修了一堂哲學課，真是的，完全聽不懂，我覺得哲學這東西完全沒有意義[170]。
- 你是埼玉縣人嗎？我有個同事也是埼玉縣人，他對大海有強烈憧憬耶。你對大海的執著也是比一般人來得多嗎？

早杉：為什麼兩個都是讓人感覺討厭的例子呢？嗯，我已經非常清楚，只靠個人經驗建立假設是件非常危險的事了。

老師：第二個發言雖然沒有明示，但可知話者將一個同事的例子，當作所有埼玉縣人共同的想法，所以直接把這點套用在聽者的「你」身上。

文殊：從立刻浮現腦海的、身邊同事的例子作直覺判斷，就這層意義上來說，可見他受到 Lesson 3 提到的「可得性偏誤」的影響。「草率歸納」也可能變成對特定集團偏見的根源，所以希望大家要特別注意。

170. 原註：參考 Foresman, G. A., Fosl, P. S., and Watson, J. C. (2016). *The Critical Thinking Toolkit*. Wiley-Blackwell, p.188的例子改編。

慢思術 ㉙

要注意「草率歸納」的錯誤，避免在沒有正當憑據的情況下，透過極小的樣本來對整個母集團作判斷。

早杉：為了避免這類偏差樣本的發生，就要加大樣本量……那還有其他方法嗎？

老師：別用容易產生偏差的方法來蒐集樣本——你看，在畢業生愛校心的問題中，只取樣「投稿給校友會會刊的人」就會造成偏差了，對吧。

文殊：這就是統計學上的「代表性」，分析樣本之後的結果，發現可以毫無偏差地反映出母集團的實際狀況時，這個樣本就被認為「具有代表性」或「可以代表母集團」。如果沒辦法適當蒐集樣本，就會失去代表性。

早杉：說到「代表性」，Lesson 3 曾經提到「代表性偏誤」，就是「會認為符合想像的那方較容易發生的想法」，兩者有關係嗎？

老師：正是如此，如果跟想像的一樣，直覺思考的「系統一」就會認為這「代表」母集團，如此所產生的偏誤就稱為「代表性偏誤」。那麼我們就在此作個小結，整理一下「與偏差樣本相關的注意事項」吧。

POINT　與偏差樣本相關的注意事項

在進行實驗與調查時，下列狀況容易產生偏差樣本，要多加注意。

① 非隨機選擇樣本

② 樣本數太少

為了避免偏差樣本，盡可能增加樣本數並作隨機抽樣才是有效的方法。關於第二點，這會容易產生極端案例，或導致「草率歸納」的情況發生，希望大家多加注意。

母集團	必要的樣本數規模大小
100	80
1000	278
10000（1萬）	370
100000（10萬）	383
1000000（100萬）	384

另用表格來說明如何判斷樣本數的規模大小[171]，大致的基準為「如果想要知道1萬人以上的母集團，取400人當樣本就足夠了」。

老師：以此為基礎，我來出一道練習題作確認吧。

問題 44 輿論調查

近期將要舉辦一場選舉，選前先進行了政黨的國民支持度調查，調查方法如下：

在平日10點到17點這段時間，撥打以電腦隨機生成的家用電話號碼，詢問對方支持哪一個政黨。用此方法致電50人，得到其中17人的回答。

結果，17人中有11人表示支持執政黨，從這個結果可以推導出，有60%以上的國民支持執政黨的結論。

——請指出這個調查的問題所在。

171. 容許誤差5%，可信賴度95%。如果要更加提升精準度，所需的樣本數也要更多（舉例來說，如果想讓可信賴度達99%，母集團個體數1萬時，樣本數就要623）。

早杉：哎呀，基本上這是隨機撥打的電話，有做到隨機抽樣，我覺得應該還 OK 吧……不行嗎？是喔。

老師：唔姆！看來還有很大的訓練空間呢，但從這層意義上來看，我出這一題就很有價值了。正如同我們在 Lesson 1 做的一樣，回到原點，試著從否定出發吧。

早杉：嗚嗚嗚，先回到基本，首先要忍下來別用直覺判斷，然後問自己——這個結論或許不正確？……接著仔細重讀問題，這個調查中可能還是有什麼偏差樣本，對吧？

老師：請回想一下我剛剛整理出來的注意事項，在什麼時候容易發生偏差樣本呢？

早杉：沒有隨機抽樣的時候，以及樣本數太少的時候。但我覺得這是隨機抽選樣本耶。

文殊：真的嗎？就算電話號碼是隨機的，但被選為調查對象的人或許有所偏差喔，你再仔細確認看看。

早杉：……打到家用電話，50 個人之中有 17 個人回答。

老師：就是這點。接家用電話，且願意回答支持政黨這種問題的人，會是怎樣的人呢？

早杉：原來是這樣……不只限定家裡有家用電話的人，而且這些人還有空閒可以陪著聊政治話題。他們打出的電話，也只有 30% 左右的人願意配合調查。

文殊：很多人只有手機，而且和他們打電話的時段也有關係。

早杉：啊啊，平常日的 10 點到 17 點，離家工作的人就算家裡有來電也不可能接電話，所以願意回答的人數少也是當然的啊。

老師：差不多可以判斷這個調查的樣本是怎樣的人了吧？發揮你的想像力，建立你認為最妥當的假設。

早杉：好的，我浮現了這樣的想像：他們大概是已經退休的世代，而且不避諱回答政治問題，或許有自己的房子，而且經濟和時間上應該都很寬裕的人。

老師：不錯，看起來像隨機抽選，實際上樣本還是有偏差，如此思考才是當然的——還有其他問題嗎？

早杉：我剛剛也稍微提到，感覺回答者的人數很少，樣本數少也容易發生極端的偏差對吧。

文殊：協助調查的只有 17 個人，其中支持執政黨的有 11 人，這或許是偶然出現的偏差。

老師：嗯，日本擁有選舉權的有 1 億人，如果把這當作母集團，只調查其中 17 人，這結果或許不值得信賴耶。順帶一提，這個調查所需的樣本數為 385 人。看一下前兩頁的表格應該可以知道，跟表格中母集團為 100 萬人時所需的抽樣人數相比只差 1 個人，這點非常有趣呢。

問題 44 的解答

Ⓐ **首先，限定在「有家用電話，且平常日10點到17點這段時間內可以回答，並能支持政黨相關調查的人」爲對象這個條件，讓樣本產生了偏差，因爲這個方法無法涵蓋只有手機，以及這段時間外出工作不在家的人。**

其次，回答的人數只有17人，樣本規模太小也是個問題。

基於以上理由，從這個調查中無法推導出可以信賴的結論。

文殊：這個問題是參考達萊爾．哈夫《統計數字會說謊》中的例子[172]改編的，對嗎？

老師：沒錯沒錯，原本的問題是美國總統大選相關的電話調查，根據這項調查，會讓人以為共和黨候選人將獲得壓倒性勝利，但實際獲勝的卻是民主黨的候選人。

早杉：這也是因為樣本有偏差嗎？

172. 原註：達萊爾．哈夫（Darrell Huff），《統計數字會說謊：不用數式的統計學入門》，第 26 − 28 頁（『統計でウソをつく法——数式を使わない統計学入門』，高木秀玄譯，講談社，1968）。

Lesson 9

文殊：這是很久以前的事了，原本就只有富裕層的人有電話，而且富裕層原本也以共和黨的支持者居多。

老師：哈夫這本書是經典名著，裡面包含了許多知名案例，我建議大家可以讀讀看。關於偏差樣本，我再來出一題相關問題，但接下來要講到另一個非常重要的話題，這等快下課的時候再為大家解答。

問題 45 適度飲酒

多數研究中，適度飲酒的人不僅比頻繁喝酒的人還健康，甚至也比完全禁酒的人還健康，這是爲什麼？

能想到的一個理由是：適度飲酒的人，他們的生活方式有一定的分寸，但完全禁酒的人卻不一定如此。但從蒐集樣本的角度來看，或許還有其他理由存在，請點出來。

懷疑安慰劑效應！

早杉：呼～感覺有點累了，可以岔題一下嗎？這是朋友給我的，說只要喝這個飲料就能消除疲勞，還滿有用的。

文殊：好詭異……早杉，你知道「安慰劑效應」嗎？老師，這堂課最後要提的重要話題，就是安慰劑效應對吧。不知為何時機非常湊巧，早杉替我們銜接下去了呢。

老師：正是如此。其實啊，就算喝完後消除了疲勞，也不見得是因為喝了那個飲料的效果。

早杉：……也就是說可能有其他原因嗎？之所以會肚子痛，可能不是因為簡報前太緊張，而是喝了放太久的牛奶，在因果關係那堂課（Lesson 5）中曾經提到這個話題。但這和那個不同，實際上我每次只要喝完這個飲料都能消除疲勞。

老師：這不單純只是「可能有其他原因」的問題，還與更特定的現象有關。文殊，可以麻煩你稍微說明一下嗎？

文殊：好的，關於為什麼會有「安慰劑效應」這個現象存在，其實還不太清楚原因，但這個現象本身從二十世紀中期就已經為人所知了。

POINT 安慰劑效應

「安慰劑」（Placebo）這個字含有「偽藥」的意思，由此可知，即使外表看起來像藥物，安慰劑沒有真正的藥效。只是將葡萄糖凝固成藥丸形狀，或只是單純的生理食鹽水等等，都能被拿來當作安慰劑使用。

但這裡會出現非常不可思議的現象，實際上讓患者使用應該沒有藥

Lesson 9

效的安慰劑，竟然也出現了某種程度的治癒效果，這個現象就被稱為「安慰劑效應」

另外，使用偽藥進行實驗時，會進行讓實驗參與者（受試者）不清楚自己吃了什麼的「盲測法」（Blind test），這是因為實驗者如果得知自己所吃藥劑的真偽，可能會對「安慰劑效應」出現與否造成影響[173]。

早杉：什麼！喝下的只是看起來像藥物的「偽藥」嗎？感覺就像在反駁「病從心起」的說法耶。

老師：就是這樣沒錯。退燒、血壓下降、疼痛消失……總之，早杉能夠消除疲勞可能是因為「安慰劑效應」，而不是因為喝下的飲料。

慢思術30

聽到「這很有效！」時，請先懷疑這是不是「安慰劑效應」。

早杉：但如果實際上真的可以消除疲勞，我也覺得不錯耶……這點想請問一下老師的想法。

老師：說會產生效果，但與真正的藥效相比，「安慰劑效應」還是有所不同，並能作出區分，至於要如何分清它們的差異……

文殊：這邊又要再次進行對照實驗了呢！

老師：正是如此，我們還是寫成問題來討論吧。

173. 原註：很不可思議的是，即使知道有安慰劑效應並且知道自己吃的是安慰劑，安慰劑效應的效果也不會完全消失（雖然呈現方法可能有所不同）。順帶一提，除了盲測法之外，實驗進行者當下也不知道哪位受試者吃的是真藥還是安慰劑的「雙盲測試」是正常的程序。這是考量實驗進行者知道哪位受試者吃哪一種藥或許會不小心表現出不尋常的態度，可能影響安慰劑效應呈現的樣貌，雙盲測試就是為了排除這個可能性。

問題 46 ｜提神飲料的效果

這款飲料主打「喝了就能消除疲勞」，以下實驗是爲了調查它的效果。

首先，隨機招募 200 人參加實驗，接著用心理學的測定方法，讓受試者主觀評估自己的疲勞感。

接下來隨機將受試者分成一組各 100 人的實驗組與對照組，請實驗組喝提神飲料，對照組喝生理食鹽水，不過，受試者並不知道自己喝的是什麼。

最後，在喝完提神飲料或生理食鹽水的一個小時後，請受試者再次主觀評估自己的疲勞感。

——在這個實驗中必須出現怎樣的結果，才能論定「提神飲料眞的有消除疲勞的效果」？並請說明爲什麼？

早杉：實驗組與對照組只有一個條件不同，如果結果出現差異，那造成差異的條件就是原因，這便是對照實驗的做法。

在這次的實驗中，並非分成「喝飲料、不喝飲料」的兩組，而是分成「喝飲料、喝生理食鹽水」的兩組，重點就在這邊嗎？

老師：沒錯，正如我剛才說明的，即使喝的是生理食鹽水也會產生安慰劑效應，對照組就是要刻意引發安慰劑效應。喝完後一小時的評估當中，大概可以得到「感覺疲勞感比喝之前小一點」的回答吧。

文殊：雖然沒有真正消除疲勞的效果，但就是會出現安慰劑效應，而喝提神飲料的實驗組，也會因為「總之已經喝了什麼」的感覺，所以應該也會產生安慰劑效應——

老師：也就是說，兩組都會產生安慰劑效應，但如果實驗組的消除疲勞評價比對照組還高，這部分就只能說是飲料真的有消除疲勞的效果。

早杉：啊啊，我懂了。之所以讓對照組喝生理食鹽水之後來做比較，是為了排除安慰劑效應！如此一來，就可以單純取出飲料的效果進行調查。

老師：相反的，如果實驗組和對照組消除疲勞的評價差不多，那就表示飲料的效果只有安慰劑效應的程度。

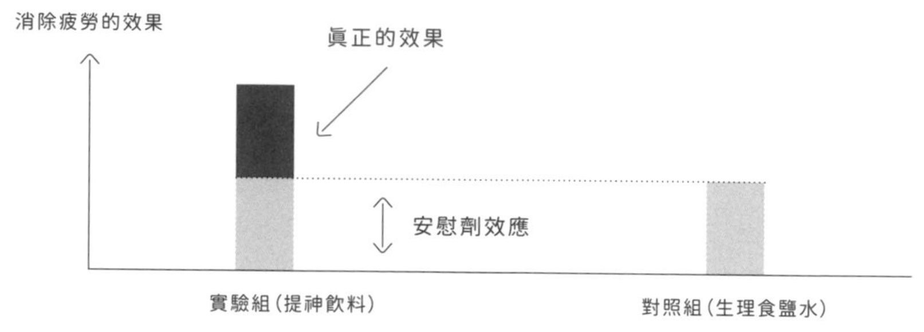

老師：如果提神飲料真的有效，就會出現上圖這種結果。確認出有超越安慰劑效應以上的效果，才能說是真正的效果，這樣應該就能清楚知道做「對照實驗」的意義了吧？

慢思術 31

「安慰劑效應」也可以透過「對照實驗」來釐清。

文殊：……這張圖，會不會有點太過單純了啊？即使不喝任何東西，疲勞感也會隨著時間過去而減輕，這部分也要顯示出來比較好吧。

老師：喔，我疏忽了。正確來說，實驗組與對照組同樣有喝完需經過一小時的條件，拿掉這個差距後影響也會跟著消失，最後只留下提神飲料的效果。但若要畫成圖表，這部分就需要特別留意。

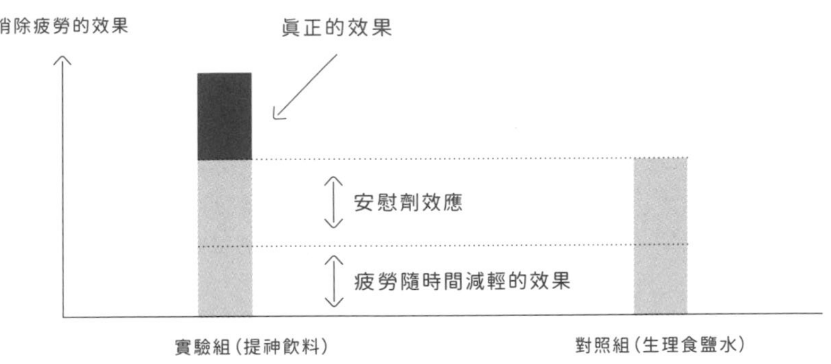

問題46的解答

如果實驗組消除疲勞的效果超越對照組，就可以作出「提神飲料有實際效果」的結論。這是因爲，提神飲料展現出超越安慰劑效應以上的效果。

Lesson 9

早杉：——話說回來，招募受試者時，是隨機抽樣的對吧。這一點我懂，但把隨機招募而來的受試者分成實驗組和對照組時，又再次出現「隨機」這個詞，這邊為什麼要再隨機一次？這是我的疑問。

老師：雖然這樣說你不太好，但真虧你有注意到呢。這是被稱為「隨機化」的步驟，在此讓我補充說明。

POINT　隨機化

在對照實驗中分出實驗組與對照組時，如果可以完全統一欲調查條件以外的條件，自然是最完美的狀況。但現實中不見得每次都能辦到，特別是以人類為實驗對象時，就會變得非常困難。想要統一條件，符合條件的人數就會變少，結果可能導致樣本數不夠，那麼到底該怎麼做才好呢？

標準程序就是，採用隨機分配方式，來將樣本分成實驗組與對照組，這就是所謂的「隨機化」。如此一來，就能期待欲調查條件以外的原因帶來的影響，會在兩組之間互相抵消。接著再來比較兩組的結果，如果結果出現差異，就能判定欲調查條件即為原因。

文殊：原理就跟隨機抽樣相同，在「隨機化」之後進行的對照實驗，其樣本又能進一步隨機分成實驗組與對照組，再來比較它們的效果，這種方式也被稱為「隨機對照試驗」或「隨機比較試驗」（RCT：Randomized controlled trial）。實驗中得出的結果，可以用來推導對原本母集團所作的假設。

老師：嗯，也可以說，就算無法統一條件，只要進行隨機化，就能一定程度地控制條件。之前的學券問題中，我曾提到「沒辦法統一出生月份與家庭環境等條件時，也能使用『隨機化』的方式」，指的就是這個。這堂課就上到這裡。

——下一次，終於來到最後一堂課了。

Lesson 9 的總結

■為了提升實驗與調查的精準度，就要避免出現偏差樣本，而有效的方法，就是在注意樣本規模是否充分之下進行隨機抽樣。

■要注意，樣本數太少可能出現極端狀況，也容易犯下草率歸納的錯誤。

■了解「安慰劑效應」這個現象的存在，透過適當的對照實驗，就能看清真正的效果與安慰劑效應間的差異。

■當實驗組與對照組無法將條件完美統一時，可用「隨機化」來控制條件。

作比較時，「對象」也很重要

早杉：臨別之前要確認問題 45「適度飲酒」的答案對吧。為什麼適度飲酒的人比完全禁酒的人還要健康呢？

老師：重點在比較的對象不是「不喝酒的人」，而是「完全禁酒的人」，這個比較對象會造成偏差。

文殊：因為不是講「沒有飲酒習慣」，而是「完全禁酒」嘛，這些大概是被醫生禁止攝取酒精的人，所以可以想見，這些人原本就有健康問題。

早杉：和健康狀態差到不能喝酒的人相比，適度喝酒的人比較健康也是當然的。這個問題是在說，「並非只要比較就好，和誰比較更重要」。

問題 45 的解答

完全禁酒的人之中，也有健康狀態糟糕到醫師下令禁止喝酒的人，樣本中因爲包含有這類人，這也是「適度飲酒的人」會比「完全禁酒的人」健康的原因之一。

Lesson 10

避免被弔詭的事情矇騙——綜合演練

1

確認「個人經驗談」的真僞

文殊：終於來到最後一堂課了。

早杉：我們至今學到了非常多的慢思術，感慨甚深呢，這堂課要上什麼呢？

老師：簡單一句就是應用篇，我想要出一些題目來回顧之前上過的內容，同時再加入一點新的綜合問題。

本次的主題與「非科學」、「偽科學」以及「陰謀論」這類的思考有關。這些東西的共通點是，雖然不是嚴謹的知識形態，卻有很大的社會影響力。但為什麼會這樣呢？——藉由這個仔細探討的過程，我想應該可以成為本書訓練的集大成。

問題 47 兩題吸菸風險問題

請分別指出下述(1)和(2)發言中存在哪些問題。

(1)「醫生說，非得戒菸不可，如果不戒菸就會死。」

「不行，不可以戒菸！我有兩個朋友因爲醫生的警告戒了菸，結果他們都在幾個月後死了[174]。」

(2) 常常有人要我戒菸，但我無法相信香菸是如此危險的東西。絕大多數的吸菸者都不會得肺癌，不吸菸的人裡面也有人得肺癌啊。

老師：接下來要講述幾個與醫療、健康有關的問題，這不僅貼近生活，有時也會帶給個人或社會重大影響，所以我想要藉這個機會一起提出來。

174. 原註：理查德・E・尼斯貝特（Richard E. Nisbett）。《世界最美的問題解決法：聰明活著的行動經濟學，正確判斷的統計學》，第167頁（『世界で最も美しい問題解決法——賢く生きるための行動経済学』，小野木明惠譯，青土社，2017／繁中版：《聰明思考》，遠流，2021）。

文殊：這確實是綜合性問題呢，也包含好幾個我們已經學過的內容，但首先還是要先提到這次課程的主軸——「因果關係」。

早杉：因果關係……這個嘛，（1）是「那些人死掉的原因還是因為抽菸」，但因為不想死才戒菸，卻在戒菸後死掉，才會覺得原因是戒菸。把兩件事情擺在一起之後，直覺上就會想到這個因果關係——雖然這個例子看起來很奇怪。

文殊：他根據的是兩個朋友的經驗，樣本數也不夠。接著由此主張不可以戒菸，也就是不繼續吸菸就會死掉，從這層意義上來看，也可說他犯了「草率歸納」的錯誤。

老師：嗯，（1）這樣是差不多了，那（2）呢？

早杉：確實不是每個吸菸的人都會得肺癌，但也確實有人因此得到肺癌，所以也不能說是安全的……

文殊：我們拿數據出來看吧，根據國立癌症研究中心的資料，2018 年日本的肺癌罹癌率為 10 萬人中有 97.1 人罹癌，不到人口 0.1%[175]；另一方面，吸菸者與非吸菸者相比，罹患肺癌的風險為男性 4.4 倍，女性 2.8 倍。以上根據 2005 年為止的統計資料分析[176]。

老師：因為所占人口的比例非常小，因此，或許我們身邊才不常看見吸菸得到肺癌的人，但實際上風險達到 4 倍之多。這樣好像可以看出（2）的主張之中，「危險」這個詞的用法有點問題了，我們是在哪裡提到這類話題呢？

早杉：遣詞用字，是「詭辯」那邊嗎？原來是這樣，其實應該得要區別以下兩者才可以啊！

①罹患肺癌的人數，以及占人口的比率

②與非吸菸者相較，吸菸者容易患病的比率

175. 原註：國立癌症研究中心「癌症資訊服務」https://ganjoho.jp/public/index.html（2022年4月9日點閱）。
176. 原註：國立癌症研究中心「吸菸與肺癌風險」https://epi.ncc.go.jp/can_prev/evaluation/783.html（2022年4月9日點閱）。

Lesson 10

吸菸的風險通常是指②，但從這個主張所說的「大多數的吸菸者也不會得肺癌」、「不吸菸的人也會得肺癌」中可知，他是用①的角度發言。這邊就顯得很奇怪，因為如果從②來看，無庸置疑吸菸就是危險的啊。

老師：喔，你整理得很棒呢。依照自己的意思來決定詞彙的意義，這樣一來，（2）就可以視為詭辯，但話者本人不見得真的有這樣的意圖。

文殊：或許可以這樣說，這個人陷入了某種「偽二分法」的狀況中。儘管在概念上，風險是有程度差距的，但只要不存在「吸菸確實會引發肺癌」這個因果關係，他就不承認會有危險——也就是說，他試圖作出「非黑即白」的判斷。

老師：嗯，當出現風險的概念時，如果不用「系統二」進行熟慮，肯定會導致混亂。我們在 Lesson 3「可得性偏誤」的段落，也有提過風險的相關話題，重大事故或恐攻的發生，會讓人類容易想起這件事，進而產生風險很大的想法。但不管怎樣，在與風險有關的狀況中非常容易造成思考錯誤，要多加注意，這也可以套用在問題 47 上面。

慢思術 32

要注意「危險」、「風險」等不能明確釐清關係、分出黑白的用詞[177]。

問題 47 的解答

⑴ 儘管死亡的實際原因是因爲吸菸，卻把戒菸視爲原因，就這點來說，話者搞錯了因果關係。另外，樣本數只有兩個人太少了，話者的「草率歸納」狀況也可視爲問題之一。

177. 原註：除了「風險／安全性」以外，也在此舉出需要加以注意不該清楚切分黑白的概念組合。「敵／我（友）」、「勝（勝者）／負（輸者）」（可能有「險勝」、「平手」、「輸得可惜」等程度上的差別）、「成功／失敗」（與「勝／負」相同理由）、「贊成／反對」（也請參照 Lesson 7 的「問題 33：逼迫大家作選擇的小布希總統」等等，很可能變成偽二分法。

(2) 吸菸之所以「危險」，是因爲吸菸者罹患肺癌的比率高於非吸菸者，但話者卻用罹患肺癌的人數，以及占總人口比的方向來解釋（這可算是種詭辯）。另外，雖然對健康造成的危險性（風險）有程度上的差距，話者卻說「如果不會確實引發肺炎就沒有危險」，主張太過極端也是問題所在。

老師：接著再來一題和上一題也有點關係的問題吧，因果關係又出現了喔。

問題 48 ｜ 鯊魚軟骨 [178]

請點出下述主張存在的問題點。

某位藝人親身見證，說他吃了鯊魚軟骨之後癌細胞就消失了，所以鯊魚軟骨有治療癌症的效果。

……什麼？你說，你曾聽說有人吃完鯊魚軟骨後，還是因癌症過世了嗎？不對不對，光只吃鯊魚軟骨還不夠，還需要打從心底深信它的效果。如果你吃了鯊魚軟骨癌症還沒辦法治好，那是因爲你不夠相信。

繼續吃下去，然後敞開心胸，接受鯊魚的力量……

早杉：藝人的經驗談……也就是「或許有其他原因」，就算他說吃了鯊魚軟骨後癌細胞消失了，也不見得是因為鯊魚軟骨。

老師：立刻就能指出來了呢，如果想要驗證鯊魚軟骨的效果，請問要怎麼做？

178. 原註：部分引用Foresman, G. A., Fosl, P. S., and Watson, J. C. (2016). *The Critical Thinking Toolkit*. Wiley-Blackwell, p.295的例子。

早杉：可以用上一堂課學到的對照實驗。首先，隨機抽樣確保足夠規模的樣本數，接著分成實驗組與對照組，然後比較兩者結果。啊啊，話說回來，這個問題的主張本身就不值得討論啊。在做對照實驗之前，樣本只有一個人也太少了吧。

文殊：如果要做對照實驗，也得考慮可能出現安慰劑效應，也需要採取雙盲測試等措施……這個問題的前半部分先討論到這邊就好，接下來的「需要打從心底深信鯊魚軟骨的效果」，這裡又參雜了稍微不同的因素。

老師：嗯，這邊出現了「偽科學」的主張。還記得我們在 Lesson 4 的最後稍微提到的「可證偽性」嗎？證偽就是明確顯示出假設的錯誤，但在這邊設下了一個無法證偽「鯊魚軟骨有治療癌症的效果」這個假設的機制。

文殊：這就是波普爾提出的「證偽主義」，他認為「確保有被證偽的可能性，是科學性假設的重要條件」；相對於此，看似科學的偽科學就是在抗拒證偽。

早杉：實際上，如果持續吃軟骨也無法治好癌症，就代表這個假設是錯誤的。但把事實放到話者面前時，他卻反駁「不對，那是因為你不夠相信」，這就是在抗拒證偽，而且他會永遠採用類似的說法來迴避！

老師：OK，藉此留下後路，保留狡辯的餘地，也讓他可以永遠迴避證偽，這是偽科學中常見的特徵。

A：問題 48 的解答

這個主張沒有進行對照實驗，所以無法確認鯊魚軟骨的效果，因此無法否定可能是其他原因治好了癌症。

另外，這個主張只採用一個藝人的經驗，樣本數太少，完全無法作為主張的憑據。

此外，後半還出現了偽科學主張，不接受對鯊魚軟骨效果的證偽，這也會是一個問題。

早杉：但是常常看到藝人談論親身見證的廣告耶，這代表，即使樣本數少也有說服力的意思嗎？

老師：原因之一是，人們透過媒體不停接觸藝人與知名人士，容易對他們感到安心，進而產生了信賴。而且人類不擅長統計，因此就容易受到「我有……的經驗呢」這種個人經驗的影響，感覺他超有說服力。這可以說是自動思考模式的弱點，希望大家多加注意。

慢思術 33

與醫療、健康相關的話題，需多加考量個人經驗的影響力。

文殊：「兩個朋友戒菸後死掉了，所以不可以戒菸。」上一題出現的這個主張，也可說是「與其相信統計，更相信個人經驗」的例子。

早杉：除了醫療與健康之外，還有其他容易受個人經驗影響的例子嗎？

老師：這個嘛，一個是興趣領域，像電影、遊戲或漫畫，如果話者邊分享經驗邊推薦，或許會更容易讓人產生興趣，這就不算是壞事了吧。再來就是工作或讀書的方法，例如「知名企業家是怎麼工作的」或「高學歷藝人是如何突破大學考試難關的」等等，這在媒體上都是常見的話題。但他們說得也不見得對，因為每個人適合的工作或讀書方法各不相同，但應該或多或少都能幫助我們提升動力。

2 用科學角度思考僞科學、反科學

老師：先前是用虛構的例子來出題，接下來的題目則來自現實案例。僞科學就是僞裝成科學的非科學，但最近，與僞科學有密切關聯、否定已被證實的科學見解的「反科學」也開始引人注目。接下來的「反疫苗論」就是一個代表事例。

問題 49 疫苗與自閉症[179]

麻疹腮腺炎德國麻疹混合疫苗（MMR vaccine）是爲了預防麻疹、腮腺炎與德國麻疹的疫苗，雖然每個國家的接種情況不同，但大多都在嬰兒出生後一年左右接種第一劑，4～6 歲之間接種第二劑，醫學上也已經證實了這個疫苗的安全性與有效性。

但也有一定數量的人否定這個疫苗功效，還主張這是引起自閉症的原因。這個反疫苗論的契機與憑據，是一篇由安德魯·韋克菲爾德[180]博士等人撰寫、刊登在 1998 年權威醫學雜誌《柳葉刀》（*The Lancet*）上的論文。這篇論文提到，接種麻疹腮腺炎德國麻疹混合疫苗和引發自閉症之間有所關聯。

但這篇論文在 2010 年因爲數據造假等非法行爲遭到撤銷，並也證實了麻疹腮腺炎德國麻疹混合疫苗和自閉症之間沒有關聯。如果這篇論文的主張正確，那應該會出現「接種疫苗的小孩罹患自閉症的比率，會高於未接種疫苗的小孩」的情況，但現實中並未觀察到這樣的現象。

179. 原註：參考以下資料：Manninen, B. A. (2018). False cause: Post hoc ergo propter hoc. In R. Arp, S. Barbone, and M. Bruce, eds. *Bad Arguments: 100 of the Most Important Fallacies in Western Philosophy*. Wiley- Blackwell.
180. 編註：Andrew Jeremy Wakefield，1956－，內科醫生，英國反疫苗活動家。

但這篇論文卻為無數的一般民眾帶來了恐慌，因為這段期間許多家長開始不讓孩子接種疫苗，導致以英美為中心的幼童麻疹感染人數大增。美國名媛珍妮·麥卡錫[181]主張，她的孩子就是接種疫苗才得到了自閉症，並相當熱衷支持反疫苗論，也助長、擴大了反疫苗論的影響力。

儘管韋克菲爾德等人撰寫的原始論文已遭到撤銷，但反疫苗論者卻仍忽視這件事，現在依然大力主張疫苗與自閉症之間的關係。

——關於以上的反疫苗論，請指出其中幾個問題點。

文殊：近年關於新冠肺炎（COVID-19）的預防問題，也可看到反疫苗論者的活動呢。

老師：總覺得，科學見解無法進行直覺思考，所以總會伴隨著反科學，疫苗就是最大受害者。因為先在病原體及病毒上動手腳，然後接種到人體裡，如此就能預防感染——這個想法太不自然了。基因改造食品會誘發癌症、地球並沒有暖化等等的議論也是反科學的例子，其他還有「地平說」[182]等非常驚人的論調。

早杉：在一般的生活中，我們會覺得地面是平坦的，地球是球體這件事和日常中的實際感受相差甚遠，所以直覺上無法接受吧。然後，回到原本的問題，這也是搞錯了因果關係，自閉症的原因明明就不是因為接種疫苗啊。

老師：自閉症的原因本身尚未解開，所以在此想要討論以下這個問題——為什麼我們會輕易地認為，接種疫苗與自閉症之間有關？

文殊：這可能有點困難……再從頭仔細閱讀一下問題吧。

早杉：問題是從解說麻疹腮腺炎德國麻疹混合疫苗開始，這是用來預防麻疹等疾病的東西，在 1 歲以及 4 ～ 6 歲之間接種。以上有哪裡是重點嗎？接著就開始談到疫苗否定論了。

181. 編註：Jenny McCarthy，1972 －，美國模特兒、電視節目主持人、喜劇演員、作家和反疫苗活動家。
182. 編註：相對於「地圓說」，認為地表是平面，而不是一個巨大的球面。

老師：嗯，正是與接種的時期和被診斷出自閉症的時期有關，但這並非因果關係。近年多將自閉病稱為「自閉症類群障礙」，因為其主要特徵就是社交互動或語言發展存有障礙，那麼，在哪個時期最容易被診斷出自閉症呢？

早杉：……啊啊，會和第二次接種疫苗的時期重疊！自閉症的特徵與社交和語言有關，所以長到 4、5 歲時，家長才會發現小孩有異而帶去醫院檢查。

文殊：也就是說，小孩在幼年時期被診斷出自閉症，這大約就和接種麻疹腮腺炎德國麻疹混合疫苗同一個時期。因此，包含反疫苗論的人在內，許多人才會認為小孩的自閉症是疫苗引起的，而珍妮．麥卡錫就是其中一人。

老師：就是這麼回事，如此一來便能說明，他們在接種疫苗與自閉症之間看見了錯誤的因果關係。韋克菲爾德等人的原始論文中也只有主張，兩者具有相關關係而已，而且在這篇論文遭到撤銷的同時，因果關係與相關關係也都遭到否定，即使如此，也未見反疫苗論有衰退的跡象，接下來想請大家思考一下為什麼。

早杉：感覺跟剛剛那題出現的「個人經驗的力量」有關，名媛的經驗很能引起共鳴。

老師：這是原因之一。再來，這類的經驗談被反疫苗論者當作自己的理論證據，即使相關論點已經遭醫學否定，那這樣的偏誤又被稱為什麼？

文殊：眼中只看見對自己的假設或主張有利的證據，對證偽視而不見。Lesson 5 提過「森鷗外與腳氣病的爭論」，以及 Lesson 6 提到「忽視基本比率」的問題時都曾經出現，早杉還記得嗎？使用了「偽證」的反義詞，叫作「〇〇偏誤」呢？

早杉：是 Lesson 6「戀愛魔咒」的問題對吧，答案是「確認偏誤」。原來如此，反疫苗論者陷入了確認偏誤的狀況中啊。

A：問題 49 的解答

接種第二劑麻疹腮腺炎德國麻疹混合疫苗的時期，和診斷出自閉症的時期正好都是小孩的幼年期，所以可以判定，反疫苗論者從中看見了錯誤的因果關係。

另外，加上受到名人經驗談的高度影響，把這當作對自己論點有利的證據，以及忽視韋克菲爾德等人的主張早已遭到否定的事實，因此可以確認具有「確認偏誤」問題。

老師：提到包含反疫苗論在內的反科學或偽科學相關話題時，「伽利略戰術」是個有趣的話題，就拿來當作下一個問題吧。伽利略．伽利萊（Galileo Galilei，1564 ～ 1642）是義大利的物理及天文學家。

文殊：也就是科學革命的核心人物之一，他最知名的故事就是他在宗教裁判上，被要求撤回「地動說」[183] 的說法。

老師：就是這個伽利略，即使是反科學也可以成為英雄，說到這個就要再提到韋克菲爾德了。

問題 50 伽利略戰術 [184]

2008 年，反疫苗團體「自閉症的時代」頒發「伽利略獎」給安德魯·韋克菲爾德，讚賞他的「麻疹腮腺炎德國麻疹混合疫苗與自閉症的關係」的相關研究，以及他毅然對抗批評和攻擊的態度。過去，幾乎所有人都認爲伽利略是錯的，但最後證實伽利略才是正確的。與之相同，「伽利略獎」的意思正如其名，表示「將來有一天，會證實疫苗和自閉症確實相關」。

這種議論方法也被稱爲「伽利略戰術」(Galileo gambit)，常見於以反疫苗論者爲首的、支持反科學或僞科學的人身上。根據他們的

183. 編註：和天動說相對立的學說，認為宇宙的中心是太陽，而不是地球。
184. 原註：參考以下資料：Johnson, D. K. (2018). Galileo Gambit. In R. Arp, S. Barbone, and M. Bruce, eds. *Bad Arguments: 100 of the Most Important Fallacies in Western Philosophy*. Wiley-Blackwell.

論調，現代科學中已達到共識的事情不見得正確。除了伽利略之外，常被他們拿來引證的還有提倡「疾病菌原論說」的路易·巴斯德[185]，「大陸漂移說」的阿爾弗雷德·韋格納[186]等人，他們的主張都是發表當時不爲人接受、之後才證實正確的學說，所以這些人也認爲，即使自己現在遭到否定，也不代表該學說是錯誤的。

伽利略戰術也曾有過更激進的形式，例如認爲「愛滋病的原因不是 HIV」的陣營就主張，從伽利略等人的歷史事件中領悟到的，反而是「以科學共識爲基礎的理論闡述」本身就是個錯誤。現在，伽利略戰術已被廣用於「氣候變動否定論」、「UFO 論」等各種陰謀論上。

——請指出伽利略戰術的問題所在。

早杉：就不管對方說什麼，都會反駁「我們是現代的伽利略！」或「我們遭到迫害！」……還真是一群麻煩的人耶。

老師：之後才證實伽利略正確也算是某種科學共識，他們在這部分的態度也不一致，也真是相當奇怪呢。其他還有什麼奇怪的地方嗎？

文殊：採用這種戰術的人，是認為它具有說服力才拿出來用的吧，所以應該也不是故意想操弄詭辯。

老師：是啊，這其中應該也受到好幾個偏誤的影響，感覺他們並非故意想要欺瞞他人，而是打從心底相信伽利略戰術。

早杉：嗯～偏誤啊……剛剛提到的確認偏誤或許能再拿出來用？……喔，伽利略和巴斯德的例子就是對他們的說法有利的證據，因為焦點全放在這類事情上面，他們打從一開始就忽視了其他沒被否定而被接受的學說。

文殊：我想了一下，其實在這類確認偏誤之前，應該有非常多的假設及主張一開始就遭到否定，然後直接消失在歷史的黑暗中吧。這類例子

185. 原註：Louis Pasteur，1822－1895，法國微生物學家、化學家、微生物學、免疫學和發酵工藝等領域奠基人之一。他主張的「菌原論說」否定了「生物隨時可由非生物發生」的自然發生說（無生源論、自生論），並作出「一切生物來自生物」的結論。

186. 編註：Alfred Wegener，1880－1930，德國地質學家、氣象學家和天文學家。他主張的「大陸漂移說」認為，遠古時代的地球只有一塊「泛古陸」，被稱為「泛大洋」的水域包圍，該大陸後來開始破裂，形成現在的七大洲和五大洋的基本地貌。

幾乎不為人所知，相對於此，伽利略等人的故事則令人印象深刻，聽到的機會也多，所以才容易喚醒記憶，所以，當需要舉出什麼歷史事件當作證據時，可得性偏誤就會發揮作用。

早杉：「可得性偏誤」的思考謬誤就是「會讓人覺得，容易回想起來的事情，它發生的可能性較高、次數也較多」，因此才會認為，跟伽利略一樣的例子在歷史上也很多。

老師：沒錯，這個案例就是可得性偏誤助長了確認偏誤[187]。因為這樣，事實上只是極少數的例外會發生，但卻因為容易回想起來而以為這樣的例子很多。不僅如此，他們之所以會把注意力擺在這上面，也因為這些都是對他們的說法有利的證據。

早杉：……這麼一來，伽利略戰術的基礎也可以說是，只能成立在極有限的樣本架構上囉？感覺這樣一定會出現偏差樣本，無法成為太穩妥的主張。

老師：你發現了，真細心。所以也能點出樣本選擇方法上的問題，雖然還有很多問題存在（像可證偽性的程度、忽視基本比率……等等），但我們就先講到這裡吧。

問題50的解答

A

舉例來說，可以指出以下這些問題點。

伽利略戰術的使用者，只把焦點放在伽利略及巴斯德等對他們有利的歷史事件上，即使後來被證實反證事例他們也都視而不見，由此可知，他們陷入了「確認偏誤」的狀態中。

另外，這個「確認偏誤」狀態本身，也因爲伽利略的事件容易讓人回想，所以被過度放大，這也可以說是「可得性偏誤」造成的影響，也因爲他們能拿來作爲憑據的例子相當稀少，造就了偏差樣本的可能性。

---

187. 原註：除此之外，還有無數因複數偏誤造成的錯誤思考，以及在Lesson 3提過的，因「代表性偏誤」與「忽視基本比率」（這也是一種偏誤）組合起來對人物形象作出錯誤判斷的情況也是一例。

文殊：反疫苗論者中也有人聲稱這是陰謀論，說製藥公司和美國政府在背後操作，從中謀取不當利益。

早杉：我也聽過「通訊公司利用疫苗接種在大家體內植入晶片」這種陰謀論。

老師：陰謀論也有和偽科學及反科學共通的特徵，也有把它們全部包裹在一起、不斷拿出來用的案例，甚至還有人加入「歷史修正主義」的觀念。歷史修正主義是指，反對歷史事件的標準見解，並主張進行改寫與「修正」。

這在下一個問題中也會出現，當有人開始主張「不同於現今標準的歷史見解，而真相其實是因某人的陰謀被隱藏起來」時，就會跟陰謀論扯上關係了。有這類奇妙思想的人，大概會有下表這些典型的思考傾向[188]。

POINT 偽科學、反科學、陰謀論信徒身上可見的典型特徵

- 一開始就決定好要相信什麼。
- 為了證明一開始就決定好的信念，而開始蒐證。
- 相信不尋常的事情，滿足於不可靠的證據。
- 過度依賴個別的經驗或傳聞的證據。
- 忽視和他們的假設及理論不一致的證據（實驗、觀察或調查的結果）。
- 即使某現象存在其他假設，也會視而不見。
- 幾乎不作懷疑性思考。
- 沒有立足於既存的知識（主流科學）之上。
- 使用印象深刻的專業術語，將自己的假設及理論偽裝成精采的科學學說。

188. 原註：本列表是參考「植原亮，《改善思考力練習簿：從批判思考邁向科學思考》，第132頁（『思考力改善ドリル——批判的思考から科学的思考へ』，勁草書房，2020）」並稍作修改。

- 對於自己的假設及理論，不要求支持者提出證明，而是叫懷疑者提供證據。
- 不會為了驗證假設或理論，進行經過嚴格控制的實驗（對照實驗）。
- 依賴有權決定真偽的有力人士。
- 迴避其他專家的確認與審視。
- 會自圓其說或閃避證偽，以保護自己的假設或理論。

早杉：明明可能陷入各種偏誤狀態，但感覺他們一點也不想避開耶，總之給人完全陷入確認偏誤狀態中的印象。

文殊：前半與偏誤有關，後半可以指出幾個無法稱作科學的問題點，例如不確實執行對照實驗、不會用能證偽的方法來建立假設或理論……等等。

老師：這張表也只是概略列出「偽科學」及「陰謀論」會有的特徵，並不全面，條件與定義也還不夠完整、充分，但應該足以派上用場，成為你發現「徵兆」、看清這類奇怪思考的工具。

慢思術 34

學會如何看穿相信偽科學、反科學及陰謀論者共通的典型思考模式。

老師：等等還會提到與陰謀論有關的內容，並作全書的總結。接著，就讓我們進入「慢思術」課程的最後一個主題吧。

3

利用慢思術對抗陰謀論

老師：首先，在談論陰謀論之前，我們先從「可看出相關思考傾向的問題」開始做起，這是實際發生在日本的例子。

問題 51 ｜ 江戶風範和歷史捏造[189]

「江戶風範」據說是爲了讓生活可以過得更美好，而建立的一種規矩，發起者是江戶的商人領袖，基本概念是：有體恤之心，與人和樂相處，減少爭執，注意言行舉止，與他人共活。

例如「傾傘」，就是在雨天與人路上擦肩而過，彼此將傘面朝外側傾斜，以避免弄濕對方；或是「時間小偸」，將突然來訪問，或是因爲遲到而剝奪他人時間的行爲視爲一種嚴重的罪行……等等。

這樣的江戶風範逐漸融入了江戶庶民的生活中。有一段時間，課本及電視廣告中也常常出現，應該有人聽過吧。

然而，這樣的「江戶風範」其實也受到了嚴厲的質疑與批評。首先，這明顯是以洋傘、電話、小型時鐘、鐵路、民主主義的普及爲前提，而且有許多部分與我們已知的江戶文化相互矛盾，例如，時間小偸如果沒有小型時鐘，就不可能知道正確的時間。第二點，這也是最根本的問題，沒有留下任何關於江戶風範的文字紀錄，因此自然就出現了「江戶風範是否存在？可能是後世捏造？」的質疑。

針對這些疑問與批評，擁護江戶風範的人也有所回應，以下就是他們關於「沒有文書資料紀錄」的解釋與說明。

根據他們的說法，首先，江戶風範的傳承是透過口耳相傳，很

189. 原註：參考以下資料後撰寫：NPO 法人「日本のこころ・江戸しぐさ」（日本心、江戶風範）HP「江戸しぐさとは」（何謂江戶風範）http://edoshigusa.org/ about/（2022年4月14日點閱）；原田實，《江戶風範的真面目：侵蝕教育的假傳統》（『江戸しぐさの正体——教育をむしばむ偽りの伝統』，星海社，2014）。

難留下文書資料。其次，江戶風範因爲「獵殺江戶子」的行動曾一度銷聲匿跡。從幕末到明治初期，掌制了江戶地區的薩摩與長州（薩長）害怕江戶庶民的團結，在屠殺江戶人的同時，也燒掉了江戶風範的相關紀錄，而且因爲鎮壓執行的很徹底，不僅江戶風範的紀錄全部消失，就連獵殺江戶子的眞相也未留下紀錄。

遺憾的是，這種說法可能還是有人會接受，認爲「難怪都找不到關於江戶風範的紀錄，而且沒有留下紀錄這件事，反而驗證了薩長鎮壓江戶人民的行爲有多激烈」。

——請指出江戶風範擁護者與接受這個回答的人出現了哪些問題。

文殊：雖然這個問題有點長，但可以練習與討論，如何明確找出這類主張的奇怪之處。

早杉：感覺這裡面有確認偏誤。關於沒有江戶風範紀錄這點，不是拿來當成證偽擁護派主張的證據，而是拿來用在薩長有徹底鎮壓行為的證據，而且這麼一來，江戶風範的存在就變成無法證偽的事情了耶。從證偽主義的角度來看，這完全無法說是科學主張。

老師：我剛剛提出的列表中，就有迴避證偽這一項，若按表所示，也可指出「沒有非立足於既存的知識」，就是，若沒有小型時鐘，江戶風範就無法成立等等。嗯，問題還真不少，也難怪課本會刪除這些內容了。

A

問題51的解答

除了與已知的江戶文化知識相互矛盾，即使對江戶風範的存在提出質疑，支持者卻用「口耳相傳」與未留下紀錄的「獵殺江戶子」行動，作爲紀錄不存在的理由，這些難以證僞的說法就是問題所在。

另外，認同的人認爲，「未留下紀錄可視爲薩長鎮壓的證據」，由此判斷，他們應該陷入確認偏誤的狀態中。

文殊：很容易就能看出與偽科學的共通之處，但這件事到底哪裡和陰謀論有關呢？

老師：關於迴避證偽，陰謀論者常會主張「沒有證據正是陰謀存在的證據」，而且還會創作出「幕後黑手勢力強大，所以能徹底控制資訊流通」的故事。

早杉：「沒有被外星人綁架的證據，正是陰謀的證據」，感覺能懂。因為美國政府的特務消除了受害者的記憶，就像電影《MIB 星際戰警》那樣。

文殊：套用在江戶風範的案例中，勢力強大的存在就是薩長了。本能寺之變[190]也有把秀吉[191]、家康[192]或耶穌會[193]當作幕後黑手的陰謀論。不管怎樣，有人會被歷史背後的故事吸引是也不奇怪啦。

老師：「我知道『不為人知的真相』呢！」——滿足這樣的好奇心、讓人產生優越感，這就是陰謀論吸引人的原因。好的，包含我們講到的部分，下面整理出五個陰謀論思考的固有特徵，也就是可在陰謀論者身上看到的、特別顯著的傾向[194]。

POINT ｜ 陰謀論思考的特徵與傾向

① 前近代性

認為戰爭及經濟蕭條等人類社會中發生的所有事情，都是擁有如神明般強大力量的少數人類計畫性引發的，從中經常可見到從神話時代延續下來的、純樸且前近代的世界觀。

190. 編註：日本天正十年6月2日（1582年6月21日），戰國大名織田信長在前往支援羽柴秀吉的途中，於京都的本能寺被重臣明智光秀謀反身亡。
191. 編註：1537－1598，織田信長的實質繼承者，後獲日本朝廷封為內大臣兼任關白（攝政），天正14年（1587年）再兼任朝廷最高官位太政大臣的職位，賜姓「豐臣」，成為日本公卿。
192. 編註：1542－1616，日本戰國時代的大名、元和年間朝廷的太政大臣、江戶幕府第一代征夷大將軍，與織田信長、豐臣秀吉並稱「戰國三傑」。
193. 編註：基督教與日本原有的神道教及佛教理念有所衝突，基督教徒曾數度遭受日本執政者的迫害。
194. 原註：請參照：植原亮，〈陰謀論（2）陰謀論「對人友善」〉（陰謀論〔2〕「人に優しい」陰謀論），文部科學教育通信，508號，2021。

② 賦予過大的意義

與①的相關之處是，發生的事件越重大，會容易產生「其中有幕後黑手特別的意圖」、「事件背後有很深的意義」（所有事情皆並非偶然）的想法。

③ 自圓其說

試圖從匱乏的證據中組織出自己的說法，所以會將周遭的事物現象、奇怪線索都當作材料，點點相連，建立自圓其說的假設。

④ 密教性

自認「和一般說法或官方見解不同，只有我們知道被隱藏的真相」，這點與①～③結合之後，這個「真相」大多都會被編造成一個奇怪的故事。

⑤ 業餘性

儘管沒有受過相關領域的專業訓練，或是說，正因為沒受過專業訓練，所以才想去批評一般說法或官方見解（同③，創造出自圓其說的假設）。

文殊：其中「①前近代性」這個特徵，可以回溯至卡爾．波普爾《推測與反駁》中的議論[195]。希臘神話中說，戰爭及災害是神明企圖引發的，與此相同，這些人也認為歷史事件同樣是由擁有強大力量的某人所引發的，而提倡證偽主義的波普爾，正是「陰謀論哲學」這項熱門研究領域的重要人物。

早杉：「擁有如神明般強大力量的少數人」就是江戶風範例子中的薩長，其他還有和外星人聯手的美國政府，反疫苗派認為的製藥公司及通訊公司等等

——但是，他們為什麼會有這種想法呢？

Lesson 10

195. 原註：卡爾．波普爾，《推測與反駁：科學知識的發展》，第四章〈針對合理的傳統論〉（『推測と反駁——科学的知識の発展』，第四章「合理的な伝統論に向けて」，藤本隆志等人譯，法政大學出版局，1980）。其他四個特徵取自 Cassam,Q.(2019). *Conspiracy Theories*, Polity Press.

老師：嗯，其中一個理由應該是，Lesson 5 提到的直覺心理學（心理理論）。我們會自然地去推測或理解人類的心理狀態，就像之前列舉過的，一個人舉起手來，我們立刻可以判斷他想要叫計程車。多虧有了自動模式運作下的直覺心理學，我們在日常生活中與他人的互動，大多都可以順暢進行。但比較棘手的是，陰謀論會在直覺心理覺得超級輕鬆的時刻趁虛而入。不管發生什麼事情，只要想著「這些全都按照那些人的企圖與計畫進行」就好，真是太輕鬆了。然後又因為代表性偏誤，與②開始產生關聯……

早杉：……？

老師：這說起來可能會有點難懂，那我們再透過問題進行解說吧。

問題 52　與美國總統暗殺相關的陰謀論

閱讀以下文章，並回答提問。

關於 1963 年發生的美國總統約翰·F·甘迺迪[196]刺殺事件的陰謀論，現在仍有許多人深信不移，在日本也很知名。甘迺迪刺殺案的背後，是軍工產業複合體、CIA 或黑手黨在暗中策劃等等，這個陰謀論存在許多個版本。甚至還有一說是，「因爲甘迺迪想公開外星人的存在，打算違反早前簽訂的秘密協定，所以遭深層政府[197]暗殺」。

24 歲的青年李·哈維·奧斯華(Lee Harvey Oswald)單槍匹馬從遠處成功完成困難的狙擊、他在事件發生不久後就在警署內遭槍殺身亡、調查資料沒有完全公開……等等，確實有許多難以理解的地方。加上背負國民希望的 46 歲年輕總統驟逝帶來的衝擊，才引發了諸多臆測，並創造出現存的這些陰謀論，甚至讓導演奧立佛·史東

196. 編註：John F. Kennedy，1917－1963，第 35 任美國總統。
197. 編註：Deep state，指非經民選，為保護其既得利益，幕後真正並實際控制國家的集團。

(Oliver Stone)以此爲題拍攝了電影《誰殺了甘迺迪》(*JFK*，1991)，而甘迺迪遇刺的背後到底有怎樣的「陰謀」，現在仍受到熱議。

另一方面，同樣是美國總統遇刺案，發生於1981年的隆納·雷根[198]總統遇刺案又如何呢？雷根遭槍擊後經手術保住一命，暗殺行動以失敗告終，以下爲事件大約的經緯：兇手癡迷於演出馬丁·史柯西斯(Martin Scorsese)導演執導電影《計程車司機》(*Taxi Driver*，1976)的茱蒂·佛斯特(Jodie Foster)，想盡辦法想要接觸她。在該部電影中，主演的勞勃·狄尼洛(Robert De Niro)有計畫暗殺總統候選人的情節。兇手於是想到，如果他做出與電影情節類似的事件，或許就能引起茱蒂·佛斯特的注意，於是就計畫槍擊總統。但關於這個刺殺未遂事件，幾乎沒有引發任何陰謀論討論，也沒被拍成電影(事件本身幾乎不爲人知)。

——如上所述，從陰謀論的角度來看，甘迺迪遇刺與雷根刺殺未遂的待遇天差地遠，請考察其中理由。

198. 編註：Ronald Reagan，1911－2004，第40任美國總統。

早杉：對照剛剛的「陰謀論思考的特徵與傾向」，立刻可以發現甘迺迪刺殺案的陰謀論有「③自圓其說」和「④密教性」的特徵。像是因為可以參考的調查資料匱乏，所以才會說「是 CIA 這類諜報機關的作為」，甚至還創造出外星人、深層政府這種異想天開的故事。

文殊：幕後黑手是軍事工業複合體的說法則是因為，「甘迺迪計畫從越南完全撤軍，因為這會損及自己的利益，為了阻止此事發生才計畫刺殺甘迺迪」。這也可說是從美國當時的處境中自圓其說，編織出奇怪故事的例子。話說回來，甘迺迪對越南的政策根本沒那麼簡單，這點和事實不符，這也正是從「⑤業餘性想法」中創造出來的說法。

老師：嗯，另外還有發現到嗎？每個故事都設定有強大的幕後黑手，軍工產業複合體、CIA 和外星人都是，都不想讓年輕的甘迺迪總統這個荒謬的遇刺事件，以「奧斯華這一介青年僥倖成功」的說法作結。重大事件的背後，定存在與其重大性相符的意義或特別意圖，這也表現出了「①前近代性」與「②賦予過大的意義」這兩個陰謀論思考的特徵。

早杉：嗯，另一個雷根總統遇刺案，是個精神有點錯亂的人引發的槍擊案件。因為以未遂結束，沒有演變成甘迺迪遇刺那樣的重大事件，且發生的理由也很明確。如此一來，也不需要特地創造出有強大幕後黑手操控的故事了，是這樣嗎？

文殊：這是直覺心理學的作用，對吧。在雷根刺殺案中，雖然兇手目的有點奇怪，但足以理解兇手的行動。相對於此，甘迺迪刺殺案中不僅兇手目的不明，而且還是更為重大的案件，所以才會有人想用陰謀來填補這塊空白，即使編造的故事荒誕無稽，也試圖讓人理解它的意義。

老師：正是如此，當中也有代表性偏誤的作用。正如我們在 Lesson 3 看過的，在評價人物的形象時，比起實際的可能性，我們會以可能符合的印象為優先，這就是代表性偏誤。心理學家羅伯．布萊瑟頓等人[199]認為，在事件及事件的因果關係中也會出現代表性偏誤，許多人都有「重大結果與特別原因會成對出現」這樣的典型印象（刻板印象），這也會與陰謀論思考互相結合，但極小原因引發重大結果的事情，實際上存在的相當普遍。

早杉：「甘迺迪總統遇刺這種超級震撼的歷史事件，背後絕對有巨大陰謀，要不然兩者就太不相配了」，是這種感覺嗎？

老師：「相配」、「不相配」這種表現很不錯耶。

問題 52 的解答

A

因爲甘迺迪總統遇刺是極爲重大的衝擊事件，而且相關資料匱乏，才會出現認定背後存在強大的幕後黑手，賦予事件過度的意義，接著開始編造出幾個試圖理解這個事件的陰謀論。

另一方面，雷根總統刺殺未遂案相較起來並不重大，且兇手目的比較明確，也就讓人難以產生闡述陰謀論的特別動機。

早杉：該怎麼說呢，感覺只要發個呆，就會在不知不覺中被陰謀論矇騙也不奇怪耶。

文殊：因為有自動思考模式的偏誤及直覺心理學的作用，所以才會出現這類特徵與傾向。或許對人類來說，相信陰謀論是極為自然的一件事呢。

老師：過去我曾在一篇文章中寫過「陰謀論『對人友善』」[200]，這個意義「與科學『對人嚴厲』相對」。想要確實探討複雜的現象與事件

199. 原註：Brotherton, R. and French, C. C. (2014). Belief in conspiracy theories and susceptibility to the conjunction fallacy. Applied Cognitive Psychology, 28.
200. 原註：同前述，植原亮〈陰謀論 (2) 陰謀論「對人友善」〉。

時，絕對不可欠缺專業的知識與科學的方法，這些能力大多與直覺背道而馳，所以也沒辦法輕易培養出來，有時還需要經過嚴格的訓練。這也是科學之所以困難的理由之一。相對於此，陰謀論就算忽視了以上所有東西，也會讓人產生自己理解了深層真相的錯覺，而這正是陷阱所在之處。

慢思術 35

陰謀論「讓人容易親近」，稍有不慎，人類的思考模式就會輕易相信陰謀論，要多注意才行。

老師：關於陰謀論，其實還有另一個重要課題，也讓我來解說一下吧。

POINT　與陰謀論有關的兩難[201]

關於陰謀論，只從思考傾向這一面來考察原因還不夠充分，關鍵的一項理由是，「不知該拿這些早已深信不疑、完全沉浸在陰謀論中的人怎麼辦才好」，這讓我略作簡短補充。

在此我舉「唐納．川普[202]在2020年的總統大選中連任失敗，是因為受到深層政府的妨礙」這個陰謀論為例。2021年初，發生了相信這個陰謀論的團體，並攻擊美國國會大廈的事件[203]，政府該如何應對這類型的陰謀論呢？

實際上，大多數的陰謀論者都陷入確認偏誤的狀態中，所以這是非常困難的課題，可用以下這種兩難（請參照Lesson 7）的形式呈現。

201. 原註：請參照植原亮〈陰謀論（1）該如何應對其對社會的普及〉（「陰謀論〔1〕社会への浸透にどう対処するか」，文部科學教育通信，507號，2021）。另外，此處關於兩難的分析，是取自：Sunstein, C. R. (2014). *Conspiracy Theories and Other Dangerous Ideas*. Simon and Schuster.
202. 編註：Donald Trump，1946－，第45任美國總統。
203. 編註：2021年1月6日，2000至2500名支持時任總統唐納．川普的示威者，衝進美國國會大廈，擾亂美國國會聯席會議。當時該會議正就國會選舉計票，並認證2020年美國總統選舉結果以宣告喬．拜登正式獲勝。

選項A:「徹底忽視陰謀論」……
陰謀論者:就是因為有陰謀，政府才會堅稱「無可奉告」。

選項B:「否定陰謀論的存在」……
陰謀論者:因為不想要讓陰謀曝光，政府才會這麼認真行動。

不管選擇哪一個，都會因為確認偏誤而被視為陰謀的證明，所以要證偽陰謀論者的主張十分困難。更麻煩的是，如果選擇B，還會引來原本對陰謀論沒興趣的市民關注，反而可能加速陰謀論的擴散。

很遺憾的是，關於該怎麼處理這類兩難，目前仍有爭論，尚無定論。但至少，先針對尚未成為陰謀論者的人做些預防性措施，或許才是比較實際的方法。這就是所謂「思考的公共衛生」發想，本書應該也能算是此類想法的一種嘗試。

4

思考的「品質保證」

老師：在應用、綜合篇的這堂課裡，我們提到了偽科學、反科學及陰謀論等奇特的思考，而這堂課也該有最後一堂課的樣子，在此我要簡單確認一下，這些奇特的思考，與我在「前言」中提到的、慢思術的兩個功用之間存在什麼關係，接著再為本書作總結。

① 迴避思考謬誤

明白容易出現思考謬誤的狀況與場合，並加以注意。

② 產出更好的思考

可以順利推進思考，找出更適當的點子或穩妥的假設（構想）。

早杉：這堂課提到的偽科學及陰謀論，確實沒有做到①，因為搞錯了因果關係、犯下了確認偏誤……等等。也就是說，沒有注意容易產生思考錯誤的狀況，然後就直接犯錯了。

老師：也可以說是讓自己的思考隨心所欲地發揮，自由放任自動模式去運轉，但如此一來，很可能就會相信了偽科學、反科學或陰謀論，這就是這堂課的學習重點之一。

文殊：在此，希望大家都要有「靠直覺相當危險」的覺悟。了解這點之後，接下來是②，舉例來說，「確實執行對照實驗」、「注意安慰劑效應」，這就是這裡的重點。如同我們這次在健康、醫療問題中看到的一樣，偽科學和反科學的缺陷，就是因為不採行這些方法。

早杉：再來還有「確認是否有證偽性」也很重要，特別是陰謀論的許多主張都沒有辦法證偽。換個角度看，有證偽性也就表示，即使找到錯誤也只要確實修正就沒問題了。

老師：你這個意見非常好，細心的思考手續，特別是科學的運作程序，透過這個步驟產出的假設及理論，可以說都是為了「品質保證」而努力。

人總會有出錯的時候，而擁有讓錯誤難以發生、或發生錯誤時也能進行修正，這種能力就是人類的優勢所在。

對此，這堂課提到的偽科學、反科學及陰謀論等內容，雖然程度各有不同，但都在手續與方法上出現問題，它們的品質也都無法獲得保證。所以說，培養出慢慢思考的能力，也就是讓你的思考能有品質保證。

Lesson 10 總結

- **■在僞科學、反科學及陰謀論中可看見受到各種偏誤的影響，也不遵循一般科學使用的方法或手續等共通特徵。**
- **■與健康、醫療相關的資訊，需要注意處理風險概念的方法，以及個人經驗擁有的說服力。**
- **■可在陰謀論思考中看到前近代性、自圓其說、業餘性等固有的傾向與特徵，這也是人類自然思考模式下的產物。**
- **■爲了迴避僞科學及陰謀論，我們要時刻注意思考的品質保證，爲此，鍛鍊慢思術是有效方法。**

老師：我準備的慢思術課程就到此結束，終於走到終點了呢，兩位辛苦了。

早杉：我才要謝謝老師，Lesson 8 之後有點辛苦，但上完所有課之後，我已經不會直接採用直覺想出來的結論了。從這個意義上來說，覺得我「是不是稍微變聰明點了呢？」至少我認為，我已經很清楚慢思術的意義了。

文殊：跟一開始相比，你可能變得慎重許多了呢，接下來就看你能將學到的慢思術如何運用到現實之中了。

老師：慢思術是慢慢思考的「技術」，不管哪一種技術，都要反覆實踐才能得心應手。

早杉：嗚嗚，我會好好銘記在心。這次課程中常常提到，「存在無論如何都很容易出現思考錯誤的狀況」，某種意義上來說就跟這個一樣，如果不反覆練習，就沒辦法培養出慢慢思考的能力，這對人類來說或許相當自然，但說通了就是這麼一回事。

文殊：透過學習「慢慢思考到底是怎麼一回事」，竟然讓你理解「人類是怎樣的存在」啊……

老師：這種表現有點太過刻意了吧，但沒關係，接下來就交給你們各自實地訓練了。最後，為了讓想要透過閱讀進一步學習的人，我再介紹幾本可供參考的文獻。那麼你們兩位——以及所有讀者——再見囉。

早杉：非常感謝大家的陪伴。

文殊：期待將來有天再相見。

結語

最後，真正的問題

在這個「結語」當中，我想簡短地回顧執筆本書的過程，向承蒙關照的所有人表達謝意。書名「慢思術」這個有趣又吸睛的標題，是Diamond社的編輯朝倉陸矢先生提議的。2021年初春，他來詢問我執筆寫作本書的意願，經過幾次的線上會議，朝倉編輯在六月時寫好的企劃書上面出現了這個詞。本書的大致方向也在此時定案，我也正式準備開始寫作這本書。

首先，想出這無與倫比的標題，創造出讓本書問世的機會，以及對於文中的大標題、文章表現、圖表呈現、註釋的寫法等事項，都給我非常有用的提議與嚴謹的作業規劃，請讓我對做出這一切的朝倉編輯致上最深的謝意。

接下來要道謝的是，超級暢銷書《獨學大全》的作者讀書猿先生。讀書猿先生在各種場合都會提及我的上一本著作《改善思考力練習簿》，而且也時常在書店看到這本書與《獨學大全》並列擺放。託讀書猿先生的福，那本書受到關注的程度超乎我的預料。朝倉編輯之所以問我執筆本書的意願，也是來自這個緣分。讀書猿先生，真的十分感謝您。

在企劃本書的內容時，我獲得了在關西大學「次世代經營者講座」中擔任講師的機會，這也帶給我極大的幫忙。從2021年的秋天到冬天，這個講座總共舉辦了三場，我請聽講者實際解答本書提到的問題，大家在課堂上的反應與回應，都非常有效地反映在我的寫作過程中。請讓我藉此機會向所有聽講者，以及關西大學社會提攜部的協調員松井由樹先生，致上深厚感謝。

松井先生是Lesson 3剛開始的話題中，曾短暫現身的松井先生的原型（這個故事其實就是我的親身經驗），他也同意讓我寫進書裡，請讓我再次向他道謝。

我從2021年年底開始執筆寫作，在第一版的原稿完成後，我曾在自己工作的關西大學綜合資訊系的專題研討課程中，把它作為2022年度春季前半學期的教材和學生一起討論。

一開始我就對學生說:「如果用開發遊戲來比喻，這就是封測版，有很多缺陷以及調整得不夠好的地方，為了讓這本書變得更好，希望你們可以成為封測玩家，請不必客氣，盡量發表意見。」大概因為如此，學生們從各式各樣的角度熱烈討論，甚至還議論起本書中登場人物的臺詞具有什麼含意，提供了非常多有益的見解。

飯塚理惠小姐也有參加這堂研討課程，她從研究者的角度給了我非常寶貴的意見，我打從心底感謝我的專題學生和飯塚小姐;我一邊參考課上得到的意見與編輯的建議一邊修改原稿，同時也敲定了由ヤギワタル老師來為本書繪製插畫。炙手可熱的ヤギ老師配合本書調性，繪製了許多非常可愛的插畫，真的讓我太高興了。ヤギ老師，真的非常感謝您;在校稿階段，我請教了弘前大學的山田史生老師關於禪宗公案的出處，我唐突詢問，他卻爽快又細心地應答，請讓我在此向他致謝;除此之外，Lesson 2最後引用的皮爾士那段話，是舞鶴工業高等專門學校的吉米・艾米斯（Jimmy Aames）老師告訴我出處的，非常感謝他提供的珍貴資訊。

最後，我想向炒熱本書氣氛的所有登場人物致謝。如同我在本書開頭提到的，就在我想用對話形式撰寫本書時，很幸運的在2021年11月底，早杉和文殊出現在我的腦海中，並自動自發地聊天、開始了對話。

對我來說，這是我第一次用對話的形式寫書，但在這兩人的支持下，撰寫過程出乎我意料之外地順利，而且寫得非常愉快。儘管他們並非實際存在的人物，但他們帶給了我非常大的幫助，我也想要向他們兩位道謝。因為有了他們兩位，我才能使用承襲自柏拉圖、深具傳統的對話形式來寫本書。

——那麼接下來，最後一個問題。

大家認為，文殊的性別是什麼呢？

是否產生刻板印象或妄下結論了呢？在闔上本書之前，希望大家再一次慢慢地思考一番。

植原　亮

2022年6月

【卷末參考書目】

五本精選書籍，讓你的慢思考更進一步

1 伊勢田哲治，《哲學思考訓練》（哲学思考トレーニング），筑摩書房，2005：以現代哲學（分析哲學、科學哲學）為基礎訓練思考的書籍。內容簡單易懂，且是新書（173×105mm大小）形式，閱讀門檻應該不高。

2 植原亮，《改善思考力練習簿：從批評思考走向科學思考》（思考力改善ドリル——批判的思考から科学的思考へ，勁草書房，2020）：這是拙作，真是不好意思，但正如「練習簿」所示，裡面收錄了非常多問題。適合覺得本書練習問題不夠多，還想多做一點的人。

3 讀書猿，《自學大全：寫給絕對不想放棄「學習」的人的55個技法》（独学大全——絶対に「学ぶこと」をあきらめたくない人のため55の技法，ダイヤモンド社，2020）：廣泛介紹自力學習法的書籍，裡面也寫了很多可以當作緩慢且細心思考的思考工具（也就是慢想技術）的方法。

4 戶田山和久，《最新版 論文教室：從報告寫到畢業論文》（最新版 論文の教室——レポートから卒論まで，NHK出版，2022）：這是介紹論文書寫方法的書籍，但將一連串的思考以文章的形式定型，也是一種謹慎思考的行為。順帶一提，這本書也採用對話形式，登場人物的「寫作『遜』夫」也稍微影響了早杉的形象設定。

5 史蒂芬・斯洛曼（Steven Sloman）& 菲力浦・芬恩巴赫（Philip Fernbach），《自以為知道：無知的科學》（知ってるつもり——無知の科学，土方奈美譯，早川書房，2021）：本書提供許多材料，讓我們思考人這種群體動物的思考、知識、智能、聰穎在群體中具有什麼意義。本次課程中最後提到的思考「品質保證」，也是建立在群體與共同生活的人類認知的基礎上。

國家圖書館出版品預行編目資料

慢思術：凡事多想1分鐘，就能比別人更成功 / 植原亮 著；林于楟 譯. --初版.--臺北市：平安文化, 2024.1
面；公分. --(平安叢書；第782種)(我思；23)
ISBN 978-626-7397-14-5 (平裝)
譯自：遅考術 じっくりトコトン考え抜くための「10のレッスン」

1.CST: 思考 2.CST: 思維方法

176.4 112020941

平安叢書第0782種

我思 23

慢思術

凡事多想1分鐘，就能比別人更成功

遅考術 じっくりトコトン考え抜くための「10のレッスン」

作　　者—植原 亮
譯　　者—林于楟
發 行 人—平　雲
出版發行—平安文化有限公司
台北市敦化北路120巷50號
電話◎02-27168888
郵撥帳號◎18420815號
皇冠出版社(香港)有限公司
香港銅鑼灣道180號百樂商業中心
19樓1903室
電話◎2529-1778　傳真◎2527-0904
總 編 輯—許婷婷
執行主編—平　靜
責任編輯—蔡維鋼
行銷企劃—薛晴方
美術設計—Dinner Illustration、單宇
著作完成日期—2022年
初版一刷日期—2024年1月

法律顧問—王惠光律師

讀者服務傳真專線◎02-27150507
電腦編號◎576023
ISBN◎978-626-7397-14-5
Printed in Taiwan
本書定價◎新台幣380元/港幣127元